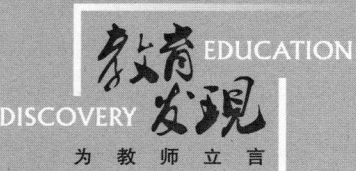

教育发现 EDUCATION
DISCOVERY
为 教 师 立 言

GAOXIAO KETANG ZONGSHEN WUSHI WEN

高效课堂纵深50问

闫庚义 主编

山东文艺出版社

编 委 会

踏平荆棘　一路凯歌

——编者的话

　　当在键盘上敲出书名的一刹那，我们每个人的心中都涌出了无限的喜悦与自豪，同时也夹杂着辛酸与感慨。七年课改，风雨兼程，铁力市二中这艘在汹涌的风浪里起航的课改航船，终于看到了彼岸的百花盛放。

　　铁力市二中的"1＋3"课堂教学改革，是处在重点学校夹缝中的一般普通高中在困境之中的突围，是担负平民子弟殷切希望的普通高中在压力之下的奋起，是顺应教育改革大潮的"三类高中"在自省之后的抉择。经过了七年的孜孜求索，今天的"1＋3"课堂教学模式，已经具有了深厚的教育内涵。

　　"1＋3"课堂教学模式的指导思想：快乐学习，幸福人生。

　　"1＋3"课堂教学模式的具体内涵："1"就是自主预习，"3"就是课堂的三个环节，即"交流研讨""展示提升""效果校验"。

　　"1＋3"课堂教学模式的培养目标：让每位学生在原有的基础上有所发展和提高。

　　"1＋3"课堂教学模式的基本思想：调整教与学的关系，培植新型的课堂文化。课堂是学生学习、成长、快乐的地方，是学生展示的舞台，并非教师展示自我的地方。课堂上减少讲和听，增加说和做。教师做到学生已经会的不讲，学生能够学会的不讲，让每一个问题通过学生自己顿悟、通过兵教兵的方式解决。教师在教学上贯彻启发式教学方式,在教学设计特别是问题设计上狠下功夫,通过设计问题,引领学生的学习。

"1+3"课堂教学模式的改革路径:以课堂教学改革为中心,坚持两个改革,即教学方式改革和学习方式改革。做到三个转变,即教师的教学方法由先教后学向先学后教转变;课堂师生活动由以教师讲为主向以学生学为主转变;变教案为学案,由以教为中心设计教案向以学为中心设计学案转变。

在课改历程中,我们有过困惑、有过挫折、有过彷徨、有过压力,也曾出现过这样那样的问题,好在全校上下齐心协力,化阻力为动力,变问题为课题,努力攻关,反复实践,使课改顺利进行,乘势而上。因此,我们想把铁力市二中课改七年来总结的一些不成熟的经验拿出来与同仁们交流。也许在课改中孤军奋战的兄弟学校还有很多,也许我们都有过共同的困惑,那么,希望这本书能对同在阻碍课改的荆棘中穿行的同行有所裨益。我们同舟共济,我们并不孤单。

我们相信,踏平荆棘才能另辟蹊径,义无反顾方能一路凯歌。

Contents

目 录

贰　课堂流程中的困惑与突破

叁　小组合力的形成与提升

肆　自主管理体系的建设与发展

伍　教研管理模式的创新与应用

陆　教学管理模式的创新与应用

柒 社会压力的出现与消除

君子引而不发，跃如也。

壹

导学案的编制与使用

导言：导学案的编制和使用规程

导学案是什么？导学案是教师指导学生学习的方案，是用于指导学生自主学习、主动参与、合作探究、优化发展的学习方案。可以说，它是学生学习的起点，也代表着需要"到达"的目的地，是路线图，是指南针，是方向盘，是导航仪。因此，教师在编制导学案之前，首先必须弄清学习目标，进行内容选择，再想办法把问题生活化。

一、导学案设计的基本理念

导学案的设计与编写要以"学"为出发点，充分尊重学生的主体地位，最大限度地调动学生学习积极性，注重提升能力，以设疑激趣为先导，以揭示规律为重点，以精点精练为策略，以主动参与为途径，以创新思维为方向，以贯彻课标为理念，以课堂有效为目标。

二、导学案设计的基本原则

1. 主体性原则

导学案的设计必须尊重学生的主体地位，注重发挥学生的主观能动性。必须信任学生，把时间还给学生，让学生自主发展，从中感悟到学习的乐趣。

2. 导学性原则

导学案重在引导学生自学，要做到目标明确、流程清晰、要求具体、操作方法明了实用。

3. 探究性原则

编写导学案主要目的是培养学生自主探究的学习能力。因此，导学案编制要有利于学生探索学习，要激活学生思维，要让学生在发现问题、探究问题、解决问题的过程中，领悟知识的奥秘，培养探究能力，体验成功的喜悦。

4. 梯度性原则

问题设置一定要考虑到学生的实际认知水平和理解能力，由浅入深，让学生摸着石头过河，步步为营，逼近目标。设计导学案时，由易到难，由简到繁，把知识问题化，以适合学生的知识和能力水平为最好。依据"因材施教"的原则，对不同层次的学生设置不同梯度的题目。题目要设置 A、B、C 三个层次，确保不同层次的学生在原有基础上都得到最大限度的提高。

5. 能力立意原则

导学案是学生有效学习的路线图，而路线图最终通向的目的地是能力的提高。要根据课标对学生的能力要求预设问题，创设探究情境，使学生在路线图的指引下，独立思考，合作探究，进而最大限度地提高观察能力、思维能力、判断能力、推理能力、合作能力以及语言表达能力等。

6. 客观性原则

导学案中知识点的数量、质量和难度的设置必须遵循学生的身心发展规律，从学生知识和能力的实际水平出发，适合学生的接受能力。既不要超过学生所能接受的范畴，也不能太过容易，激发不了学生探究兴趣。

7. 与生活实际相结合的原则

导学案的设计必须注重与生活实际相结合，让学生在熟悉的生活实际情境中掌握知识，培养学生把书本知识和社会实践相结合的能力，培养学生正确的情感、态度、价值观。

8. 创新性原则

编写导学案，强调内容创新、方法创新、问题创新、过程创新，以不拘一格的创新来激发学生的求知欲、探索欲和创新欲。

三、导学案的内容及设计说明

"1＋3"课堂教学模式导学案可根据学科特点分为"新授课预习导学案""习题训练课导学案""三案合一导学案"。

"三案合一导学案"即预习案、探究案和检测案合为一案。教师在出示学习目标、重点难点之后，将基础知识、公式、背诵识记等难度不大且适合学生自主学习的内容编入预习案，给出明确具体的预习要求，并设置一定数量的预习检测题，便于学生自我检测。学生预习之后，导学案由学科小组长汇总上交，教师进行详细批阅。将本节课重点难点知识编入探究案，一般设置2—4个探究题，要求：题干具有引导性，有利于学生深入思考；语言富有启发性，有利于激发学生兴趣；探究题后可根据具体情况增加学法指导或解答示例，标明探究题难度。最后根据本节课具体内容，编制简短的检测案，设置一定数量的检测题，当堂检测本节课重难点的掌握情况。这种导学案适用于英语、语文等学科。政治、历史、地理、生物等学科最适合用新授课预习导学案。

（一）"新授课预习导学案"的基本内容

新授课预习导学案包括：1. 学习目标；2. 学习重难点；3. 基础知识预习导学部分；4. 基础预习检测。

设计具体说明如下：

1. 学习目标（含三维目标）。目标设计要依据新课标，结合学情设计，目标不要过大过多，要具体。

2. 学习重点。（略）

3. 学习难点。（略）

4. 基础预习内容的设计，即编制"三案合一导学案"的基础导学内容。编制这种学案的基础是要先对教材进行梳理，把原来几节的内容（原来两节或三节的内容）进行整合，编制出一个预习导学案。

（1）基础预习部分可以体现以前学过的和本节有关联的知识点，也可以是和本节课有关的知识背景等。

（2）基础知识预习导学部分主要引导学生通读教材，把需要掌握的基础知识通过预习得以落实。预习课的导学案都为基础知识层面。理科一般为教科书上的基本概念、基本原理和公式的简单呈现；文科一般是字词掌握、主要信息的掌握。设计时尽可能不要以填空等形式出现，防止学生生套教材、不思考。设计要以引导学生思考所预习的内容问题为主，以引导学生看书为目的，但不要把所有的问题都抛给学生，要给学生留白，引导学生提出更多的问题。各学科可以将几节课的内容进行整合，编制预习案，上一节预习课。在预习课中，重点和难点问题以及学生新生成的问题可以放在展示课上展示。

5. 基础预习检测部分。主要是结合本节知识点进行双基训练，消化和理解概念、公式和原理。形式可多样。

（二）三案合一导学案

训练导学案包括的项目与预习案差不多，也包括学习目标、学习重点、学习难点以及主要内容。下面重点谈谈如何编制"三案合一导学案"的探究内容。

教师要深入挖掘教材，围绕学习目标，依照预习的主要内容，结合重难点，设置相应的训练题或探究题。一堂好课不是学生停留在对课本知识的复制和记忆上，更重要的是看课堂上学生的思维碰撞、对问题的质疑、对文本的批判以及动态的生成。训练案所涉及的习题内容，要分层设置、有序引导，体现知识的逐步生成过程。要由低到高、由易到难、由简到繁，呈螺旋式上升。A 层面主要是简单的基础知识，B 层面是在 A 层面的基础之上进行的简单应用。理科侧重基础知识的练习；文科侧重对基础知识的简单应用，如简答题、归纳大意等。C 层面是进一步的知识运用。理科侧重解题思路的理清和解题规律的归纳；文科侧重材料分析等内容。对于个别尖子生，也可设计 D 层面的内容，也就是拓展延伸。理科侧重一些与实践相结合的题目；文科侧重让学生自己进行创作。A、B 层知识人人过关，C 层内容优秀同学必须完成。各层内容的设计要有梯度，要以引导为主，不能完全习题化，要设置一些有引导作用的小问题，引导学生思考、归纳，以便掌握解题规律。在习题后面要有学习方法指导。原来我们在导学案前面安排学法指导，不具体，也不具有针对性，不实用。现在我们统一把学法指导安排在各个具体的问题后面。学法指导目的在于告诉学生怎样走，相当于学习的"向导"。它包括：知识识记和技能训练的方法指导，问题的处理策略指导。教师要明确告诉学生从哪些角度进行观察、记忆、联想、对比、归纳、思考、讨论等。

四、导学案的编制流程

导学案编制的基本流程为：集体备课—二次备课—定稿审批—课后优化。

具体做法：先由主备人进行"个备"，然后交给备课组每位教师一份初稿，由教师完成学案内容。每位教师根据自己所教班级的实际情况提出意见，再返回备课组进行"群议"，结合大家的建议再由第一主备人进行修改，最后交给备课组长或教研组长和包科领导审阅签字后印发。

1. 集体备课

备课组长提前两周召开备课组会议，就学生一周内要学习的内容进行研讨，解读新课标，分析教材，确定学习目标、学习方法、学习重难点，并确定导学案编制人。编制人根据集体备课达成的研究结果，开始编制导学案初稿。

2. 二次备课

导学案编制人将初稿打印出来，发给备课组每位教师，由教师完成学案内容，提出修改意见。第二周集体备课（由教研组指定时间，串好课表，至少两节课）时，导学案编制人要说明自己的设计思路，对导学案的内容、使用中的处理方式、应注意的问题、可能生成的问题等进行说明。然后每位教师提出自己的修改意见，编制人根据教师们的意见和建议，进一步修改完善初稿形成定稿。

3. 定稿审批

编制人将定稿后的导学案，交教研组长审批，教研组长要从导学案的内容到形式认真把关，确定没问题后签字，然后送学校包科领导。包科领导要按照导学案的格式要求、内容要求审核，最后签字交付印刷。

4. 课后优化

编制人根据导学案课前及课堂上的使用情况进行了解、记录并认真反思，进一步对导学案进行修改完善。科任教师也根据自己的教学情况进行修改。

五、导学案的使用

（一）导学案的教师使用要求

预习案可当堂发放、当堂预习，也可以提前 1—2 天下发到学生手中，让学生有充足的时间预习、思考、讨论。训练案要提前 1—2 天下发到学生手中，让学生有充足的时间训练、探究。预习案当堂完成后，教师收上来进行批阅，然后发给学生。上课前，科任教师可将预习案收回，检查学生预习情况，进行批阅，给出等级。这样有助于教师掌握真实学情，预设课堂多种应对措施，保证点拨精当、简洁。

在教师使用导学案过程中，要做到有发必收、有收必批、有批必评、有评必纠。学生展示后，课堂中或课堂下落实学生整理导学案情况，订正后上交，由教师二次批阅。在二次批阅时，教师要对学生进行指导（添加评语，指出存在的问题和改正的方法），对解题方法和解题规律及时补充提升。整理修改导学案时让学生使用红色笔。

"1＋3"课堂教学导学案是引导学生有效自学、指导教师高效教学的制胜法宝，旨在变教师为导师、变教室为学室、变灌输为探究，使学生真正实现自主学习、合作学习、有效学习，使课堂成为"知识的超市"，使学习成为"生命的狂欢"。

（二）导学案的学生具体使用要求

1. 以导学案为抓手，有效自学，成就课堂精彩

（1）没有高度的自主就难以保证充分的互动。学生拿到导学案后，主要是结合教材、教辅资料，独立完成导学案（必要时也可寻求教师帮助或同学间合作），切忌抄袭、弄虚作假。学生必须要自主解决训练导学案中相应等级的内容，预习案必须全部独立完成。对难度较大的问题要做好标记，争取在组中交流完成。新生成的问题要在学案中标记好，在组内交流或在班级展示。

（2）上课前一天，科任教师将导学案收回，检查学生预习情况，并批注 A、B、C、D 等级，并赋予 9、6、3、0 分，纳入自主预习环节评价。

2. 课上互学，有效利用导学案

（1）小组交流解决个人困惑。组内交流要在教师指导下分步进行：①组内个别释疑解难。小组长或组内其他同学对于某同学的个别问题答疑解惑，小组内要互帮互学，开展交流，提倡合作。②落实学习目标。小组长带领全组对每一个目标检验落实情况或对导学案设定问题进行讨

论。③如有集中的困惑和问题，小组收集，班内解决。

（2）学生课堂展示充实导学案。各小组成员就本组学习方法及规律的总结、疑难问题或拓展提升，先进行板书展示，用双色笔标示于板面上，之后再用适当而多样的方式展示给全体同学。全体同学在学习他组研究成果的同时，要提出自己的质疑，发表自己的见解，完善展示小组的展示内容。同时，全体学生要把他人总结的规律方法、精彩拓展及奇思妙想写在自己的导学案上，从而使导学案更加充实，以便今后复习时用。

要求：做到把个人的疑难标记在导学案上，把小组集中的困惑问题记在导学案上，把教师提出的问题记在导学案上，思维的碰撞更要整理到导学案上。

（3）教师课堂点拨，学生修订导学案。课堂上学生会的教师不讲，学生会写的教师不写。但教师要在小组交流、课堂展示或课后总结环节中，对各知识点进行强调、指导和点拨，或对各目标所涉及的问题进行敲定、点拨。学生要结合教师的点拨，进一步讨论展示讨论内容，并对导学案再次修订。

（4）学后反思完善导学案。学生在学完一课后，要对学案所涉及的知识方法、规律进行概括总结，并反思自己在完成导学案时，有哪些优点值得发扬，哪些不足需要改正。这不单是学生对导学案的完善，更是学生自学能力的提升。这一项落实得好坏，关系到是否会使学生终身受益。

（5）复习备考，删选导学案。复习备考需要学生对知识进行阶段性的梳理、归纳和整合，让学生能用自主评价、课堂检测等方式自查薄弱环节，对本阶段导学案进行删选，有重点、有主次地进行复习。

导学案不同于以往的教案，它是学生学习的抓手，是提高学生自学能力的工具。导学案进一步优化了学生的学习方式，拓展了学生学习的时间和空间，使学生有充分的自主性，让其充分参与到学习的全过程，体验知识的获得，获得能力的提高。学生完成导学案的过程就是自学能力提升的过程，也是良好学习习惯养成的过程。

当然，任何事物都没有绝对的标准，导学案的编制也没有固定的模式，只要适合学生的就是最好的，能够达成教学目标的就是优秀的，能够培养学生能力的就是最棒的。我们时刻谨记导学案是引导学生学习的"路线图"，必须从有利于学生学习、操作的角度去思考、去设计，要始终把学生放在主体地位。我们相信，只要肯付出、善思考、多合作，就一定能不断优化适合校情、学情、教情的"1＋3"课堂教学模式。

问题 1：导学案编写时如何突出"导"的作用？

一、目标设计突出重点——可测性强

导学案的目标设计不宜过大、过多，要根据学情设置适合学生的目标，既不能让学生唾手可得，又不能显得遥不可及，要让学生经过努力能达到。目标语言的表述要明确规范，每堂课只设定1－2个重点，让学生明确目标。同时，目标要具有可测性，即通过课堂检测能够明晰地显示出学习效果，让学习目标看得见、摸得着，摒弃过去空洞抽象性的标准，增强目标的针对性和操作性。要全面体现三个维度具体的教学目标，用能准确描述教学活动结构的行为动词和能描述心理感受的体验性动词进行描述。

1. 知识与技能

知识：描述、认出、界定、说明、列举；

理解：转换、举例、摘要、归纳、重写；

运用：证明、解决、修改、发现、预测；

分析：判断、辨别、分解、指出、细化；

综合：设计、组织、筹划、创造、整合；

评价：比较、支持、批判、评论、鉴赏。

2. 过程与方法

经历/模仿：经历、观察、感知、体验、操作、查阅、借助、模仿、收集、回顾、复习、参与、尝试；

发现/探索：设计、梳理、整理、分析、发现、交流、研究、探索、探究、探求、解决、寻求。

3. 情感、态度、价值观

反应/认同：感受、认识、了解、初步体会、体会；

领悟/内化：获得、提高、增强、形成、养成、树立、发挥、发展。

二、问题设计由浅入深——层次性强

设计导学案时，由易到难，由简到繁，分层探究，以适合学生的知识和能力水平为最佳。在编写导学案时，教师要将难易不一、杂乱无序的学习内容处理成有序的、阶梯性的、符合各层次学生认知规律的学习方案。设计的问题或者说知识点的呈现，要尽量少用填空的方式，避免学生照搬课本、对号入座，从而抑制学生的思维发散。

通常针对学生层次，可将问题分为三个层次：第一层次为"基础题"，主要指本节课的基础知识，力求全体学生在利用导学案"独学"文本的基础上全部解决；第二层次为"提升题"或叫"拔高题"，这类题目在知识上和能力上的要求都有所提升，力求中等以上程度的学生在利用导学案"独学"基础上全部解决；第三层次为"拓展题"，这类题目有更强的综合性和难度，并与生活实践相对接，力求学有余力的优等生在利用导学案"独学"基础上能基本解决。

三、问题语言简明易懂——启发性强

现在发展区是指学生现已掌握的知识和能力的水平区。潜在发展区就是教师希望学生达到的知识和能力的水平区。如果要让学生达到潜在发展区，我们必须找到一个最近的、有利于学生跨过并且能够到达的潜在发展区的区域，这个区域就是最近发展区。教师的教学以及教师对问题的设计都必须设置在最近发展区，学生才有学习的兴趣，才能引发学生的学习动机。

因此，问题要能启发学生思维；问题要提纲挈领，不宜过多和细碎；语言要富有启发性，切入点要巧妙；应起到引导学生深入阅读文本并思考的作用；问题所用叙述语应引导学生积极思考，多用"想一想""议一议""试一试""练一练"等问题情景去设计学习过程，让导学案成为学生自主学习的指导老师。

四、问题内容贴近生活——实践性强

提出的问题内容上要丰富，贴近时代、贴近生活，有现代气息和实用价值。让学生在熟悉的生活实际情境中掌握知识，培养学生把书本知识和社会实践相结合的能力。

五、学法指导详尽明确——方法性强

在学法指导上下功夫，"授人以鱼不如授人以渔"。导学案不是教案，更不是习题集。它要体现学生自主学习、合作探究的学习能力。如：指导学生如何有效预习；如何整合课内外资源搜集有效信息；如何制订学习计划；如何进行小组合作；如何进行问题展示；如何进行问题质疑；如何用好纠错本；如何用好双色笔；如何整理学习笔记；如何进行自我反思；如何进行研究性学习等等。这些都能够成为学法指导的内容，学法指导不能浮光掠影、走形式、用套话，而应该详尽明确、要求具体、简明易懂，通过学法指导逐步培养学生自主合作探究的学习能力，使学生的主体意识、能动性和创造性不断得到发展。

如下面的学法指导：

1. 结合诗歌内容，根据下面的示例，按由景到情的顺序，写一段鉴赏性文字。

2. 从浪漫主义的概念及浪漫主义诗歌的特点入手，分条总结本诗的艺术特色。

六、效果校验注重能力——针对性强

效果校验问题的设计首先要紧扣目标。检验本堂课的重难点，所选择的题目一定要难易适中，以大多数 B 级同学能正确完成为标准，题目所包含的本课内容要尽量全面，延展性要强，这样的题目才科学有效。同时，效果校验题目不仅要囊括本节课的知识点，还要考查到本节课的解题方法和思路、解题能力和技巧，在检验知识的同时达到能力的巩固。

问题 2：导学问题与追问问题之间的关系应如何把握？

追问问题是新课堂模式下教师教学设计的重要一环，是对学生学习情况、知识层次、课堂环节的整体把握和预设。追问问题设计得好，能及时点破难点，清除学生思维上的障碍。但在编写导学案的过程中，有些教师往往处理不好探究问题和追问问题之间的关系，不知道哪些问题应该设为导学问题，哪些应该设为追问问题。解决这个问题需要遵循以下原则：

1. 总分原则

对知识点进行总体考查的问题应设为导学（探究）问题，如：包含多个小知识点的问题；需要综合几部分知识才能解答的问题；可以采取多种方法、多种思路的问题；要求学生必须进行深入思考的问题等。针对这样的探究问题，解决学生局部知识难点的问题、指导学生某种方法的问题、提醒学生某个难点的问题、推进学生思维深度的问题就可以设置为追问问题，用追问问题来化整为零、化繁为简，为进一步解决探究问题搭建阶梯。

2. 学习和巩固原则

导学问题对应着学生的学习过程，解决导学问题的过程就是学生习得知识、掌握方法的过程，因此强调知识掌握和能力提升的问题可设置为导学问题。通过导学问题的设置，达到让学生充分思考、依靠自己的力量掌握知识和方法的目的。而针对这样的导学问题所设计的追问，就要起到进一步巩固学生所学知识的作用，教师可以对导学问题进行局部的变式、变数、变条件、变问法、增减知识点，提出新的问题，启发学生的思维向着更深入、更广阔的方向发展，达到进一步巩固学生所学知识的目的。

3. 知识和能力原则

导学问题原则上是针对知识设置的，其问题的内涵与本节课的知识点相符。那么，有关解题方法和思路的提示与指导，就可以设置为追问，当然，这部分内容也可以预先设置为学法指导，但课堂是鲜活的、瞬息万变的，固定的学法指导有时无法预见课堂上的随机生成，这就需要教师设计相关的追问，力求让学生熟练地掌握方法、提高能力。

4. 标准和随机原则

高中教育最后要面向高考，因此，导学案中的探究问题的设置和切入点要与高考问题相似，这样才能有助于学生形成答题感觉。但高考题或模拟题一般比较强调考查综合能力，因此，在设计导学案时，需要教师在备课的时候根据自己的教学经验来尽量全面地设计追问问题，或者根据自己的知识积累随机地针对生成提出有效的追问问题。总的来说，探究问题相对规范、完整，追问问题则显得灵活、随机，而且根据具体的课堂情境可以对追问问题加以调整。

问题 3：集体备课而成的一份导学案，适应不了学情各异的不同班级怎么办？

集体备课而成的导学案，是针对某一教学内容，经过集体教研形成的，问题相对科学的，知识层次性适中的学习案，但它不是一字不可易的金科玉律。高效课堂的灵活性决定了导学案的使用不是呆板的、教条的。所以我们认为，针对学情不同的情况，在导学案的设计上和备课环节中要注意以下几个方面。

一、导学案设计时的统筹兼顾

首先，学习目标要分层设置，符合各个层次学生的学习能力。可按照课程标准的要求，将学习目标分为基本要求、提高要求、推进要求三个层次，使每一个学生都有可能达到的学习目标。其次，问题设置要兼顾学情。导学案不能放之四海皆准，要根据不同班的学生优劣势、不同层次的学情进行设计。既要设计适用于基础较差班级的基础层级的问题，又要设置适合程度较好班级的延伸拓展问题，设置的问题要处于不同层次学生的"最近发展区"，让各层级学生的潜力都得到充分的挖掘。第三，效果校验设计也要具有层次性，让各层级的学生都能体会到成功的喜悦。

二、二次备课过程中的删减增补

集体备课之后，每位科任教师要根据自己班级的学情对教学案内容进行再次阅读、深入思考，撰写适合自己班级学情的教学案。教学案内容不仅包括有针对性的导入情境，还包括个性化的教学方法设计、教学活动设计，同时要对导学案中的内容进行适当增删，删掉那些对本班学生来说难度过大的问题和过于简单的问题，可以增加本班学生能够接受并解决的较深入的问题。效果校验中的问题也可依照以上原则进行变换，使导学案的统一性与教学案的个性化有机结合在一起，形成各具特色的课堂，而非千人一面照本宣科的课堂。

三、预习反馈之后的大胆取舍

在学生完成预习之后，教师还可以根据学生预习情况更进一步地进行导学问题调整。学情不是一成不变的，教师的事先预设不一定符合学生实际。在拿到学生完成的预习导学案之后，教师基本能够明确学生哪些问题需要进一步研讨，哪些问题可以简略展示甚至不做展示，或者出现了什么新的问题，教师可以在课前进一步优化导学案内容，甚至只拿出最核心的1—2个难点问题进行讨论，或者加入导学案上没有的新问题。总的来说，学情是我们教学的指挥棒，不能让导学案变成课堂的紧箍咒，而应当利用集体备课的导学案形成个性化的教学风格。

四、展示过程中的以学定教

在展示过程中，同样会出现很多生成问题，这时教师可以根据学生的展示和质疑情况随机设计适合当时情境的追问问题。学情不同的班级追问的问题也各不相同，导学案上的探究问题只起到提纲的作用，怎样运用还在于教师对教学内容和课堂流程的创造性把握。这就要求教师对本节课的知识掌握得非常全面，能够站在一定的高度解读知识点。这对教师素质和经验的要求较高。同时，以学定教也在备课上对教师提出了更高的要求，更加有利于年轻教师经验的积累和业务水平的迅速提高。

问题4：学生完不成导学案，抄袭导学案，做导学案的态度不端正、敷衍应付，导致课堂效率降低怎么办？

造成这种情况的原因很多，教师应该了解学生抄袭导学案、敷衍应付的原因，对症下药。一般说来，学生导学案完成情况不好主要有以下几个原因。

一、学生态度问题

1. 学生没有科学的学习计划，不能合理地调配利用时间

我们的学生大多都没有适合自己的科学的学习计划，不会学习，只能被动地根据老师布置的课前预习任务漫无目的地进行学习活动。在课前预习过程中，完成导学案的时间没有一定的限制，往往因为某科导学案中存在几个有难度的问题，学生就纠结于这几个问题，占用了大量的学习时间，从而导致不能按时完成其他导学案，只能在收导学案的时候敷衍了事，甚至抄袭。

对策一：科学划分预习课时间，将预习课和晚自习课的时间进行分块，每一时间段完成规定的学习任务，遇到难以解决的问题可以暂时放下，留待课上小组讨论解决。这需要班级自主管理委员会在教师的指导下，征求全班同学的意见，制订出科学的自习学习计划，合理安排每科时间，并将时间表写在黑板上。学科组长要监督本组成员完成导学案的情况，统一安排组内阅读教材的时间、完成学案的时间。一科学习结束，学科组长马上收齐导学案交给学科班长。由于学生在同一时间完成统一学习任务，这样就有效地避免了抄袭现象。另外，班主任教师可随机抽查自习时学生完成导学案的情况，及时纠正小组长不尽职尽责的行为。

对策二：班主任要在班会课上组织学生讨论制订适合自己的个人学习计划，让每位同学都明确自己学习上的优势和弱点，对症下药，重点突破，有效安排课外学习时间。有了明确的方向，学生完成导学案时的目的性增强了，就会更加认真地完成导学案。

2. 学习习惯不好，偷懒懈怠

对策一：心病还需心药医。我们的学生大多都是待优生，他们在初中时大都没有养成良好的行为习惯，甚至有逃课、顶撞教师的违纪行为，想让他们养成良好的学习习惯不是一朝一夕的事。因此首先要了解学生，了解学生的课余生活，教师要深入到学生生活中去，和同学们拉近关系，

和学生交朋友。学生把教师当成他们的良师益友之后，他们不怕教师，有什么话敢直接对教师讲。这时对于学生没有完成导学案的原因，教师就能摸清了，比如因为上网、看漫画等原因没有做导学案。在教师摸清学生的想法与行为习惯之后，再耐心地去开导他们，晓之以理动之与情，让他们明白道理，知道感恩。这样学生就会从根本上改变抄袭敷衍的现象，认识到学习的重要性，同时各科的成绩也都会大步前进。

对策二：家校联系齐抓共管。对于有些积重难返的学生，我们也不要放弃，应当发挥家长的力量，联系家长共同管理。只要我们坚持不懈地努力，一定会把我们的学生教育好，让他们成为对社会有用的人才。

3. 学生成绩不好，没有信心

很多学生虽然有想学习的欲望，但是长期以来成绩走低使他们缺乏信心，总觉得自己怎么学也学不会，索性放弃了学习。

对策：对于这类学生，教师除了耐心交流，树立他们的自信以外，还要在设计导学案时，加强层次性，设置一些 C 级学生在阅读教材、自主学习之后能够准确解答的简单问题，并放宽对他们的预习要求，只要他们完成了基础问题就给予表扬，久而久之，他们既掌握了基础知识，又树立了信心。

二、导学案编制问题

1. 导学案编制不符合学情、难度太大，会挫伤学生的积极性，导致学生不愿意做导学案。

对策：充分了解学情，参照导学案编制方法编制适合学情的导学案；合理安排难易度。

2. 导学案问题过多过繁，重点不突出，加重了学生的负担。

对策：优化导学问题，突出重点，求精不求多。

三、管理监督问题

教师和班级自主管理委员会成员对导学案完成情况的监督不到位。

有的小组长不能尽到责任，甚至包庇组内同学抄袭导学案；对不交导学案的同学也不能起到监督的作用；个别科目的教师对这种情况无所作为，不采取任何措施，放任自流，导致学生认为教师也不重视课前预习，情况更加严重。

对策：班主任要加强对学科小组长的培训和监督，并在民主的前提下制定学科组长职责，对玩忽职守的学科组长、学科班长进行一定的惩罚。例如取消所在小组的评优资格、取消小组成员的奖励，情节严重的甚至取消奖学金、助学金等。

四、教师批改反馈问题

1. 个别教师批改导学案不认真，走过场，只看完成度不顾及完成质量，甚至雷同卷都察觉不了，久而久之学生对待导学案也不认真了。

对策：要求教师批改导学案认真仔细，细致耐心，及时发现学生的抄袭现象并采取相应的措施。例如给抄袭敷衍的同学下发新导学案重新完成、进行批评教育、给个人及小组扣分。年组的督导验评组随机抽查教师的导学案批改情况，教务部门每月检查导学案批改情况。这样就会有效促使学生认真对待导学案。另外教师批改导学案要注意以下内容：基础知识部分全批全改；探究问题按学生层级批改，B/C 级同学完不成针对 A 级同学的较难问题可视作合格，效果校验则不要求课前完成。同时，卷面整洁度也要成为教师批改导学案的标准。如有必要，教师要在卷面上写上相应的批语，让学生感觉到教师对自己的重视。

2. 教师课前反馈不扎实，流于形式。有些教师不重视课前反馈，有时甚至不批改导学案，让学科班长代劳。学科班长在评价栏上随便写上预习反馈成绩，根本不能反映真实的预习情况，教师也不以预习反馈为标准确定授课内容，致使课前反馈有名无实，学生也就不愿意认真做导学案了。

对策一：学校教务部门加强督导验评。学校成立验评组，采取推门听课的办法，由验评员对学生的预习环节评价反馈做针对性检查。

对策二：教师课前反馈环节要针对学生导学案完成的情况给出整体性评价，对于每层级的学生出现的特殊情况都要点拨，不忽略优点，也不隐瞒缺点。让教师的反馈评价成为课堂上学生的方向引领。

五、教师导学案使用问题

有些教师的授课内容与导学案脱离，不围绕导学案而另起炉灶，让导学案成为一种应付检查的形式。导学案无形当中成了学生的一种负担，学生当然就更加不愿意做导学案了。

对策：对于这个问题，教师要端正态度，让高效课堂严格围绕导学案进行。校方加强对教师课堂行为的规范和监督，发挥督导验评的作用，在晨会上提出整改意见，并利用评价，将教师行为与评优晋级和各种奖励、福利待遇挂钩。

问题 5：导学案的使用与教材、课外学习资料结合不好怎么办？

导学案不是教材，更不是习题集，而是教师编制的用于引导学生自主学习、自主探究的学习方案。它是学生自主学习的路线图，为学生高效自主学习提供了有效途径；是改变学生学习方式和教师教学方式的重要载体；是课堂知识结构体系的呈现表；是对教材及其他资源的重新整合；是学生课堂学习的笔记本，从学的角度记录了学生学习的全过程；是学生自我反思小结的备忘录，也是以后复习巩固的学习材料，所以要妥善保管好学案。学生使用导学案是为了更好地掌握教材中的知识、习得解题方法、掌握正确思维方式、构建完整知识网络。再把这些知识和能力运用到解题的实践中去，达到掌握知识、提升能力的目的。从这个意义上说，导学案是课本和课外习题集之间的桥梁，导学案的使用与教材、习题集的使用并不矛盾。恰恰因为导学案的存在，学生对教材中的知识理解得更透彻了，解答练习册中的问题更准确了。

一、导学案与教材的结合使用

与导学案相比，教材具有以下三个方面的特点：第一，教材的语言精练严谨，信息承载量大。第二，教材当中有关的图形、图像是非常直观、形象的，有利于学生结合知识点来认识微观事物和宏观事物，可以使学生理解和掌握相关的科学知识。这是导学案所不能比拟的。第三，教材更加注重对科学史的发展以及科学探究方法的教育。

与教材相比，导学案具有以下特点：第一，知识问题化、问题层次化。通过问题可以更好地引导学生们去学。第二，导学案尽可能以有利于学生的学为主，而不是以有利于教师的教为主。第三，导学案中问题的过渡和引导是学生学习的方向标。第四，引导学生建立知识网络，导学案将知识点归纳、总结，对教材内容做了进一步的整合，建立了各种层次的概念图和知识网络，更加有利于学生对知识的理解和掌握。第五，导学案对教材知识进行了进一步的提升和发展，使学生在解决问题当中，不仅巩固了教材知识，也提高了利用所学知识分析解决问题的能力，尽可能达到"学以致用"的教学目的。因此，导学案与教材是互为补充、相辅相成的，在实际教学过程中，应该做到导学案与教材的有机结合。

（一）编写过程中的"本""案"结合

1. 教材是导学案编制的依据和蓝本，导学案是教材的延伸和优化，导学案应把静态的教材进行动态开发，把教材按照学科知识的逻辑和学生的认知规律进行情景化、生活化、问题化设计，做好教材和导学案的有机融合。

2. 在导学案编写时要先"吃透教材"，围绕三维目标，提炼知识脉络，把握重点，研究新旧知识的内在联系和拓展提升点，找准关键，研究学法，探寻规律，深挖情感因素。把教材中深奥的、不易理解的、抽象的知识，"翻译"成能读懂的、易接受的、通俗的、具体的知识，帮助学生更易更有效地进行学习，完成对教材的"二次开发"。

（二）导学案内容上的"本""案"结合

1. 通过导学案引导学生对课本自主阅读

上一节课的后 10 分钟以及学生课下学习的过程中，要引导学生多从教材上寻找解决问题的依据。有些学生在自主学生的时候，往往喜欢从一些参考资料上找一些现成的答案，比如说"教材的全解""教材全析"等等。这种方式不利于学生学习习惯的培养，也不利于学生对教材基础科学知识的理解和掌握。有些导学案上的问题太过简单，就是教材内容的填空，学生机械地照搬照抄，不经过思考。教师应该设计与教材内容相关但不雷同的引导性问题，积极有效地引导学生从教材上寻找依据，锻炼学生的思维，提高学生对教材的利用效率。

2. 让课本中的素材成为导学案的亮点

有些微观和科学过程等知识对学生来说是很难理解和很难掌握的。当文字表达和图形、图像以及有关生理过程相结合的时候，会更有利于学生对科学知识的掌握。所以当导学案中的问题涉及图形、图像、生理过程的时候，一定要在导学案上标注好有关图形、图像在教材上的位置，标注页码，方便学生查找。

（三）教学过程中的"本""案"结合

1. 鼓励学生在精彩展示的时候，尤其是问题解析的时候，都要从教材上找相关的依据，引导学生关注教材、利用教材、加强对教材知识的理解，提高学生对利用教材观点解决实际问题的能力。

2. 教师在课堂上，尤其是复习课上，要多联系教材，为学生做出示范，做出榜样。将教材专题内、教材专题间，甚至教材和教材之间的有关知识进行整合，也引导学生做同样的工作。

3. 在复习过程中，教师要在导学案中作出概念图或构建知识网络的，对学生空白的内容，利用教材关键的词语和学科术语进行填写，逐渐地可以引导学生自主地尝试来独立地完成某一部分的概念图和知识网络。这样就可以进一步将教材和导学案有机结合起来，进一步提高课堂效率。

（四）评价过程中的"本""案"结合

完善评价机制，实现导学案和教材的有机统一，在评价上以预习评价为主。教师在检查导学案之后也要检查书本勾勾画画、圈点批注的情况。并通过加分等方式，督促学生课前充分阅读教材，实现导学案和教材的有机统一。

教材和导学案各有特点，各有独到之处。导学案是对教材的翻译和二度创作，是为了让学生更容易掌握教材而产生的辅助材料。但是导学案绝对不能代替教材，教师要引导学生学习要根基于教材，利用导学案的辅佐功能，循着导学案指示的路线和方法和搭建的梯子努力独学。总之，教材是根本，导学案是辅助，两者是相辅相成、相互促进的，在使用的过程一定要将两者结合起来，最大限度地发挥两者的作用。

二、导学案与课外习题

导学案中的探究问题虽然以问题的形式出现，但导学案不是习题集。课改初期，很多人都有这样的困惑：学生课下的预习时间都被导学案占据，那课外习题还用不用做？什么时间做？导学案能否代替课外习题的练习？会不会造成学生知识掌握不牢固，成绩下滑？我们一直提倡学生适量地选择适合自己的课外习题，至于做题时间，我们是这样解决的。

1. 编制章节、单元、模块训练案

每一章节或单元学习完成后，我们都会设计 1－2 课时的习题训练案。训练案的内容是教师认真研究过几种已完成的课外练习册之后，选择课外习题的精华，按照知识点的内在逻辑和由易到难的顺序编写的。习题的内容丰富、知识点考查方式新颖全面、延展性强，能够起到以一当十的作用。每个模块之后还有针对整个模块的训练案。这样，学生就能在课内进行习题训练了。而且，教师只要精选几种课外材料即可，有效地节省了学生的金钱和精力。

2. 提高课堂效率，增加自习时间

向课堂要效益，强化课堂上的交流研讨环节和小展示环节，让学生通过充分讨论解决更多问题，让尽量多的知识在课上被消化掉；同时，对教材和教学内容进行大胆地整合，选择那些重点、难点、易错点、易混点、考点内容集中学习，不重要的知识甚至可以不展示。通过提高效率减少展示课课时，增加学生自习的时间。目前，铁力市二中高三年组在复习中采取这种方法，学生晚自习完成导学案，下午后两节课做课外习题和作业，这样既保证了课内任务的完成，也有了充分的课外练习。

3. 习题筛选，精讲精练

对于学生手中资料的使用，教师也要介入指导。首先要指导学生选择质量高的习题集；第二，要为学生提供习题精选建议，帮助学生多做质量高的习题，并选择一部分在自习时间进行精讲精练。

问题 6：学生导学案书写、增补、修改、整理做得不好，导学案发挥不了积累知识的作用怎么办？

导学案不仅是课上使用的学习案，也是梳理知识脉络、积累知识点、构建知识网络的学科笔记，但很多学生不重视积累导学案，使得导学案发挥不了积累知识的作用，针对这个问题，我们采取了以下的措施。

一、规范书写，掀起练字热潮

为了使学生的导学案字迹清晰，方便他们以后复习，我们从高一军训期间就强调练字。各班可以采用不同的形式，比如每日一页楷书、速成写字法训练等等，强化学生的习字意识。各科教师也会向学生们宣传卷面整洁对考试的重要性，同时把练字的成绩计入日常评价，以提高学生对练字的热情。

教师在评价导学案时也向书写方面倾斜。在高一上学期可适当放宽对知识层面的要求，对书写美观的导学案多表扬、多加分，再通过书法比赛、三笔字比赛等等形式激发学生的积极性，让学生重视导学案的书写。

二、学案编号，依次排列好查找

我们的学案都是依照学期初制订的教学计划进行设计的，在每一份学案的页眉处，我们都会给学案编号，到学生整理导学案时，按照编号依次排列就可以了，这样，即使学生遗失了部分导学案，他也能够及时察觉，及时补充完成。

三、课上修补，双色笔不能少

我们一般都在导学案的问题下面留有较大的空间，一方面是为了让学生充分作答，另一方面是留出课上修改增补的余地。课上，教师会根据学习过程的进展，提醒学生用双色笔修改错误的地方、补充不完整的地方，记录相关知识点、解题思路、方法技巧等。导学案就变成了一个笔记本，学生复习时对自己的易错点易混点易漏点一目了然，可以有针对性地复习。

四、二次批阅，监督机制有效

在课堂上，教师的督促很难做到面面俱到，这就要求教师进行导学案的二次批阅，也就是在课后将学生们修改增补过的导学案再次收上来，由教师集中检查。对于那些课上完了，但导学案上没有笔记、没有双色笔痕迹，甚至完成还不好的，轻则由教师帮助补充完全，在导学案上写上提醒类的评语；重则重做重批，并给小组和个人扣分。

五、定期整理，装订储存备考

学生的导学案双周整理一次，如果整理的时间隔得太长，学生遗失的导学案过多，即便后补也不能起到好的效果。每双周假期，要求学生将各科导学案分门别类，按序号进行排列并装订在一起。这样就有效减少了导学案的遗失。每个月整理两次导学案，既不浪费学生的时间，到了期末复习时，学生又能拿出本学期装订的八到十册导学案进行系统的复习。

附件：优秀导学案示例

课题：梦游天姥吟留别

课型：新授课　主备人：朱雅芳　审核人：鲁仁婷　审核时间：2012 年 12 月　使用人：朱雅芳

课题	梦游天姥吟留别		使用年级	高二
时间	2012 年 12 月	地点	铁力市二中	
流程	具体内容			方法指导
一 学习 目标	知识目标：反复诵读诗歌，读准字音，正确断句，理解诗歌大意，熟读成诵。 能力目标：鉴赏诗歌意境，进而把握作者的感情变化，感受李白的人格魅力。 情感目标：赏析本诗的浪漫主义创作手法，总结浪漫主义诗歌的特点。			
一 自主 学习	一、初读诗歌，结合教材和工具书，为下列加点的字注音并释义。 天姥：（　　）＿＿＿＿＿　瀛洲：（　　）＿＿＿＿ 云霓：（　　）＿＿＿＿＿　剡溪：（　　）＿＿＿＿ 渌水：（　　）＿＿＿＿＿ 脚著谢公屐：（　　）＿＿＿＿ 暝：（　　）＿＿＿＿＿　殷岩泉：（　　）＿＿＿＿ 栗深林：（　　）＿＿＿　水澹澹：（　　）＿＿＿＿ 訇然：（　　）＿＿＿＿　青冥：（　　）＿＿＿＿ 魂悸：（　　）＿＿＿＿ 恍惊起而长嗟：（　　）＿＿＿＿			独学要求：在安静的学习环境中入境；借助教材和工具书独立思考，要有独到的见解；不要抄袭。

（续表）

流程	具体内容	方法指导
一 自主 学习	二、再读诗歌，结合对诗歌内容的初步理解，谈谈什么是浪漫主义？浪漫主义诗歌有何特点？ 浪漫主义：_____ _____ 浪漫主义诗歌的特点：_____ _____ 举例：_____ _____	学法指导：可查阅相关资料，如能举出学过的浪漫主义风格的诗歌更好。 温馨提示： （用时　分钟）
二 合作 探究	探究一：传说中的天姥山在诗人心中留下了怎样的印象？诗人是如何描述这种印象的？（学法指导：细读第一节，体会作者的写作手法。） 探究二：天姥山在诗人的梦境中展开了一幅幅奇丽的画卷，请选择一幅你认为最生动的画面，结合示例为其命名并加以赏析。（学法指导：细读第二节，梳理本节的层次，注意示例语段赏析诗句的思路。） 示例：月夜飞渡图。（我欲因之梦吴越……渌水荡漾清猿啼。）这六句中包含了湖水、月夜、剡溪、猿啼等冷色调的意象。诗人运用夸张的想象，"一夜"飞渡镜湖；而"湖月"也有了人的感情，送诗人来到了剡溪；水边凄清的猿啼让诗人联想到仕途失意，寄情山水的诗人谢灵运，更增感慨。寥寥数笔，一个清幽寂静的境界跃然纸上。 探究三：从梦境到现实，诗人的情感发生了怎样的变化？这种变化体现了诗人怎样的精神追求？（学法指导：结合第三节，从诗人的人格精神角度思考。） 探究四：华西师范大学教授姚永强说："《梦游天姥吟留别》堪称李白浪漫主义诗歌创作的代表之作。"你同意这个说法吗？为什么？（学法指导：从浪漫主义的概念及浪漫主义诗歌的特点入手，总结本诗的艺术特色。）	对学、群学要求：先对学，再群学；会的问题不讨论，最大限度地解决疑难点；本组解决不了的问题，组间自由研讨；迅速确定主展组、辅展组，主展组可直接板前研讨。 温馨提示： （用时　分钟）

（续表）

流程	具体内容	方法指导
三 组内 小展	1. 总结疑难，及时汇报 用一分钟总结本组同学的疑难问题，以口头或书面的形式上报给教师。 2. 领取任务，组内预展 小组长领取展示任务，合理分配小组展示任务，做好板书。	1. 时时有事做，事事有人做，人人有事做。 2. 小组汇总出的疑难问题要有普遍性。 3. 主展组精研展点，精心设计展示环节；辅展组查漏补缺，做好补充答疑准备。 4. 板书简洁明晰、重点突出、形式灵活新颖。 温馨提示： （用时　分钟）
四 班级 展示	1. 主展组同学展示，辅展组同学补充，其他小组质疑对抗。 2. 主展组同学全部站在黑板前，其他同学可自由选择听课位置。 3. 在规定时间内完成展示。	展示要求： 1. 声音洪亮，态度从容，站位恰当。 2. 尽量脱稿，结合板书。 3. 善用肢体语言。 4. 做好互动沟通。 5. 做好展示过渡。 6. 点评人用一句话点评上一组最突出的特点。 温馨提示： 每组限时　分钟
五 强化 梳理	有感情地吟诵本诗，补写出幻灯片上诗句的空缺部分。	独立完成 温馨提示： 限时　分钟

课题：函数的概念（二）

课型：新授课　主备人：张玲　审核人：李春阳　审核时间：2012 年 9 月　使用人：张玲

课题	函数的概念（二）	使用年级		高一
时间	2012 年 9 月	地点		铁力二中
流程	具体内容			方法指导
学习目标	知识目标：了解区间的名称和符号表示。 能力目标：会将集合、数轴和区间进行互化。 情感目标：培养学生数形结合的思想。			
一 自主学习	【知识链接】 1. 什么叫函数？用什么符号表示函数？ 2. 什么是函数的定义域、值域？ 【预习案】 预习一：函数定义域、值域还有更简单的表示方法吗？ 思考 1. 设 a，b 是两个实数，且 $a<b$，介于这两个数之间的实数 x 用不等式表示有哪几种形式？ 思考 2. 满足上述每个不等式的实数 x 的集合可看成一个区间，为了区分，它们分别叫什么名称？ 思考 3. 如果把满足不等式的实数 x 的集合用符号 $[a, b)$ 表示，那么满足其他三个不等式的实数 x 的集合可分别用什么符号表示？（学法指导：阅读教材 17 页第一段，结合相应的参考书和初中所学的数轴可以完成。） 预习二 思考 1. 变量 x 相对于常数 a 有哪几种大小关系？用不等式怎样表示？ 思考 2. 满足不等式的实数 x 的集合也可以看成区间，那么这些集合如何用区间符号表示？（学法指导：阅读教材 17 页第二段，结合相应的参考书和初中所学的数轴可以完成，同时理解"正无穷大"和"负无穷大"。） 【总结】设 a、b 是两个实数，且 $a<b$			独学要求：在安静的学习环境中入境；借助教材独立思考，要有独到的见解；不要抄袭。 通过阅读教材，查阅相关资料，可完成预习和思考部分。

（续表）

流程	具体内容	方法指导
一 自主 学习	<table><tr><td>定义</td><td>名称</td><td>符号表示</td><td>数轴表示</td></tr><tr><td>$\{x \mid a \leqslant x \leqslant b\}$</td><td></td><td></td><td></td></tr><tr><td>$\{x \mid a < x < b\}$</td><td></td><td></td><td></td></tr><tr><td>$\{x \mid a \leqslant x < b\}$</td><td></td><td></td><td></td></tr><tr><td>$\{x \mid x \geqslant a\}$</td><td></td><td></td><td></td></tr><tr><td>$\{x \mid x > a\}$</td><td></td><td></td><td></td></tr><tr><td>$\{x \mid x \leqslant a\}$</td><td></td><td></td><td></td></tr><tr><td>$\{x \mid x < a\}$</td><td></td><td></td><td></td></tr><tr><td>R</td><td></td><td></td><td></td></tr></table> （学法指导：结合预习一和预习二，进行理解和总结，可背诵完成表格内容。）	温馨提示： 用时　分钟
二 合作 探究	探究一：将下列集合用区间表示出来 $A = \{x \mid x \leqslant 3\}$，$B = \{x \mid x > 3\}$，$C = \{x \mid 2 \leqslant x \leqslant 4\}$， $D = \{x \mid -2 < x < 0\}$，$E = \{x \mid -1 < x < 1$ 或 $2 \leqslant x < 6\}$ （学法指导：A、B 集合可结合预习二完成，C、D、E 集合可结合预习一完成，其中集合 E 要注意集合并集的书写方式。） 【解析】$A = (-\infty, 3]$，$B = (3, +\infty)$，$C = [2, 4]$，$D = (-2, 0)$，$E = (-1, 1) \cup [2, 6]$ 探究二：一次函数 $y = kx + b$ $(k \neq 0)$，二次函数 $y = ax^2 + bx + c$，反比例函数 $y = \dfrac{k}{x}$ $(k \neq 0)$ 的定义域、值域分别是什么？怎样用区间表示？（学法指导：结合初中所学的一次函数、二次函数和反比例函数写出定义域和值域，再用区间的形式表示，其中要特别注意实数集 R 的区间表示。） 【解析】一次函数：定义域 $(-\infty, +\infty)$，值域 $(-\infty, +\infty)$	对学、群学要求：先对学，再群学；会的问题不讨论，最大限度地解决疑难；本组解决不了的问题，组间自由研讨；迅速确定主展组、辅展组，主展组可直接板前研讨。

（续表）

流程	具体内容	方法指导
二 合作 探究	二次函数：当 $a>0$ 时，定义域 $(-\infty,+\infty)$，值域 $\left[\dfrac{4ac-b^2}{4a},+\infty\right)$ 当 $a<0$ 时，定义域 $(-\infty,+\infty)$，值域 $\left(-\infty,\dfrac{4ac-b^2}{4a}\right]$ 反比例函数：定义域 $(-\infty,0)\bigcup(0,+\infty)$，值域 $(-\infty,0)\bigcup(0,+\infty)$	温馨提示： 用时　分钟
三 组内 小展	一、总结疑难，及时汇报 用一分钟总结本组同学的疑难问题，以口头或书面的形式上报给教师。 二、领取任务，组内预展 小组长领取展示任务，合理分配小组展示任务，做好板书。	1. 时时有事做，事事有人做，人人有事做。 2. 小组汇总出的疑难问题要有普遍性。 3. 主展组精研展点，精心设计展示环节；辅展组查漏补缺，做好补充答疑准备。 温馨提示： 用时　分钟
四 班级 展示	一、主展组同学展示，辅展组同学补充，其他小组质疑对抗。 二、主展组同学全部站在板前，其他同学可自由选择听课位置。 三、在规定时间内完成展示。	展示要求： 1. 声音洪亮，态度从容，站位恰当。 2. 尽量脱稿，结合板书。 3. 善用肢体语言。 4. 做好互动沟通。 5. 做好展示过渡。 温馨提示： 每组限时　分钟
五 强化 梳理	1. 下列关于函数与区间的说法正确的是　（　　） A. 函数定义域必不是空集，但值域可以是空集 B. 函数定义域和值域确定后，其对应关系就确定了 C. 数集都能用区间表示 D. 函数中一个函数值可以有多个自变值与之对应	独立完成。 温馨提示： 限时　分钟

课题：Module4 Music　Reading ＆ Vocabulary

课型：新授课　主备人：徐书杰　审核人：周学文　审核时间：2012 年 6 月　使用人：徐书杰

课题	Module 4 Music Reading ＆ Vocabulary		使用年级	高二
时间	2012 年 6 月	地点	铁力二中	
流程	具体内容			方法指导
学习目标	知识目标：熟练掌握 allow, the way of...；掌握句型 It's the same with..., It is impossible... 的用法。 能力目标：通过自主学习和合作探究，学会分析与总结，并能学以致用。 情感目标：激情朗读课文，疯狂背诵重点词组及句子，体验学习英语的快乐。			明确目标
一 自主 学习	Ⅰ Words： 1. interpret（v.）诠释；翻译 → interpretation（n.）解释；翻译 2. characteristic（n.）特征 → character（n.）人物；品质；文字 3. poetic（adj.）有诗意的 → poet（n.）诗人 → poetry/ poem（n.）诗 4. combine（v.）结合，联合 → combination（n.）结合，合并 5. depress（v.）使沮丧，使心灰意冷 → depressed（adj.）精神不振的，消沉的 →depressing（adj.）令人沮丧的 →depression（n.）抑郁；沮丧 6. ambition（n.）志气，雄心，抱负 → ambitious（adj.）有野心的；有抱负的 Ⅱ Phrases： 1. 举办音乐会 give concerts 2. 与……情况相同（be）true of / for ＝（be）the same with 4. 与……分享感受与想法 share feelings and ideas with 5. 毕业于 graduate from 6. 与……进行交往 make contact with			1. Read words and phrases. 2. Write down things they missed. 温馨提示： 用时 10 分钟

（续表）

流程	具体内容	方法指导
二 合作 探究	探究一： She's given concerts since she was eleven, including a performance for the Queen of England during her visit to China. ◆she's＝she _____，including 的词性是 _____。including a performance for the Queen of England during her visit to China. 可改写为同义句：_____. since 此处为 _____（词性），引导 _____从句，从句中用一般过去时，主句用 _____（时态）。 译：_____。 探究二： The biggest challenge is not to respect the traditions but to add my own style. ◆此句中 to respect 是不定式充当 _____（句子成分），but 为连词，连接两个并列的句子成分，本句中 but 后的 to add my own style 和 _____并列。 译：_____。 探究三： …, so it isn't surprising that the most classical pieces have very poetic titles. 因此多数古典乐曲具有诗一样的标题也就不奇怪了。 ◆此句中 so 引导 _____从句；it 充当 _____（句子成分），that _____（可以/不可）省略，因为其引导 _____从句。 探究四： It's the same with classical Chinese music. 中国古典音乐也是一样。 ◆此句中 It's the same with… ＝ _____ _____ _____ with…，意思是"与……情况相同，……也是如此"。	1. Discuss with partners to solve the problems. 2. Get their tasks and begin to write down key points. 温馨提示： 用时 8 分钟
三 组内 小展	Present the tasks one by one. You can add something or ask questions if necessary.	解决组内共性问题 温馨提示： 用时 8 分钟

（续表）

流程	具体内容	方法指导
四 班级 展示	拓展延伸 "……也如此"有以下三种表达方式： 结构一：so＋be 动词 / 助动词 / 情态动词＋另一主语 结构二：neither /nor＋be 动词/助动词/情态动词＋另一主语 结构三：It's the same with... ＝So it is with… 请按照这三种结构完成下面的例句，然后根据所给提示总结这三种结构的具体用法： ①She can ride a horse, so _____ I. ②He is a worker, and so _____ I. ③If he goes there, so _____ I. ◆根据上面例句可知结构一用于 _____ 句中，表示前面所说的情况亦适合于另一人或物。 ①Mary can't swim and _____ _____ I（我也不会）. ②She never comes late, and nor _____ I. ③John isn't interested in pop music, and neither _____ I. ◆ 结构二用于 _____ 句中，意思是 _____，表示前面所说情况亦适合于另一人或物。 ①He is very clever but he doesn't work hard, ____ ____ ____ his sister （她妹妹也如此）. 此句中既包含 _____ 的情况，又包含 _____ 的情况。 ② He is a good student and he always studies hard. It is the same ____ Li Hua. 此句中的谓语不属于同一类，谓语动词既有表示 _____ 的动词，也有表示 _____ 的动词。 ③ Susan is an American girl and jazz is her favorite music. It is the same with Lucy. 此句中的主语既有 _____ 也有 _____。 ◆ 以上三个例句可以使用结构一或结构二吗？ _____ 结构三既可用于 _____ 句，也可用于 _____ 句，用于陈述两种以上的情况。	Finish the important points. Finish some feedback exercises immediately after the presentation. Summarize main content. choose top three groups. 温馨提示： 每组限时 3 分钟

（续表）

流程	具体内容	方法指导
五 强化 梳理	一、单项选择 1. Bill wasn't happy about the delay of the report by John and _____. （2008 辽宁，35） 　　A. I was neither　　　B. neither was I 　　C. I was either　　　D. either was I 2. —Jack was born in New York and lives now in London. 　—_____ his sister，Mary. 　　A. So was　　　　　B. Neither was 　　C. So it is with　　　D. The same as 二、单句改错 1. He loves music and plays the piano well and it is the same to her. _____ 2. I had not heard from him since he left. _____ 3. Parents don't allow me going out at night. _____ 4. This isn't surprising that he becomes a musician. _____ 5. — My room gets very cold at night. —So is mine. ____	运用本科知识抢答完成。 温馨提示： 限时 3 分钟

课题：第六课　我国的政党制度
中国共产党执政：历史和人民的选择

课型：新授课　主备人：王常君　审核人：柳玉庆　审核时间：2013 年 5 月　使用人：王倩

课题	第六课　我国的政党制度 中国共产党执政：历史和人民的选择	使用年级	高一
时间	2013 年 5 月　地点	铁力市二中	

流程	具体内容	方法指导
学习目标	知识目标：了解中国共产党的领导和执政地位的确立过程；理解党的性质、宗旨、指导思想及地位；理解党的三种执政方式。 能力目标：学会用历史的眼光观察问题，提高学生的比较与鉴别能力。 情感目标：通过了解我国现代化建设的成就，树立为祖国现代化建设储备知识、贡献力量的远大目标。	
一 自主学习	通过阅读教材找到以下内容： • 党的性质： • 党的宗旨和执政目的： • 党的指导思想： • 党的地位： • 党的领导和执政方式：	独自思考完成；可以借工具书，不要抄袭。 学法指导：根据教材 62 页至 67 页内容完成。 温馨提示：用时 10 分钟
二 合作探究	探究一： 材料一：一部中国近代史，是中国封建势力和西方列强相互勾结，使中国沦为半殖民地半封建社会的苦难史；也是中国人民进行不屈不挠的斗争，无数仁人志士苦苦探求救亡图强之路的历史。这表明： 农民战争不可能赢得反列强、反封建斗争的胜利； 不触动封建根基的自强运动和改良运动，注定要失败； 资产阶级革命派领导的民主革命，也不能完成民族、民主革命的任务。	

（续表）

流程	具体内容	方法指导
二合作探究	材料二：中国共产党第十七次全国代表大会表决通过的《中国共产党章程》，对党的性质表述为：中国共产党是中国工人阶级的先锋队，同时是中国人民和中华民族的先锋队，是中国特色社会主义事业的领导核心，代表中国先进生产力的发展要求，代表中国先进文化的前进方向，代表中国最广大人民的根本利益。党的最高理想和最终目标是实现共产主义。中国共产党以马克思列宁主义、毛泽东思想、邓小平理论、"三个代表"重要思想作为自己的行动指南。 问题：根据材料一和材料二分析，为什么中国共产党的领导和执政地位不是自封的？ （学法指导：从两方面回答，一方面，这是历史的选择，人民的选择；另一方面，这是由中国共产党的性质和宗旨决定的。） 探究二： 我国的现代化建设成就辉煌，经济、社会出现了全面协调可持续发展的良好态势，充分显示了中国共产党治国理政的智慧和能力。例如：经济实力和综合国力显著增强，经济增长创造了世界瞩目的"中国速度"；高新技术产业迅速崛起，极大地提升了我国生产力的水平；开放型经济迅速发展，确立了贸易大国地位；解决了人民的温饱问题，人民生活总体达到小康水平；社会主义中国的国际地位和国际影响与日俱增。 问题：根据材料分析，有人说，搞革命是要由中国共产党来领导；现在，搞现代化建设，不一定要中国共产党领导。这种说法对吗？为什么？ 探究三： 中共十六届五中全会审议通过了《中共中央关于制定国民经济和社会发展第十一个五年规划的建议》。《建议》是中央在深入调研、广泛听取有关方面意见和建议的基础上形成的。《建议》把延续了50多年的国民经济和社会发展"计划"首次变成了"规划"，凸显了政府更加注重发挥市场对资源配置的基础性作用、更加注重对经济社会发展的	对学、群学要求：先组内对学，再组间群学；已经有答案的问题不讨论充分解决疑难；本组解决不了的问题，可以进行组间自由研讨；并由组长确定主展组、辅展组，主展组可直接板前研讨。 温馨提示： 用时10分钟

（续表）

流程	具体内容	方法指导
二 合作 探究	宏观把握和调控，坚持以科学发展观统领发展全局。《建议》在征求各民主党派和各界意见后，将交国务院平衡、完善后形成纲要草案，最后由全国人民代表大会审议通过后正式实施。 根据上述材料回答，党的执政方式有哪几种？三种执政方式之间的关系是什么？	
三 组内 小展	1. 总结疑难，及时汇报 组长总结本组同学的疑难问题，以口头或书面的形式上报给教师。 2. 领取任务，组内预展 组长领取展示任务，合理分配组员展示任务，做好板书展示，并准备讲解内容。	1. 时时有事做，事事有人做，人人有事做。 2. 小组汇总出的疑难问题要有普遍性。 3. 主展组精研展点，精心设计展示环节；辅展组查漏补缺，做好补充答疑准备。 4. 板书简洁明晰、重点突出，形式灵活新颖。 温馨提示： 用时 5 分钟
四 班级 展示	1. 主展组同学展示，辅展组同学补充，其他小组质疑对抗。 2. 主展组同学全部站在板前，其他同学可自由选择听课位置。 要求：在规定时间内完成展示。	1. 声音洪亮，态度从容，站位恰当。尽量脱稿，结合板书。 3. 善用肢体语言。 4. 做好互动沟通。 5. 做好展示过渡。 6. 突出的特点，直接加分即可。 温馨提示： 每组限时 15 分钟
五 强化 梳理	科代表带领同学们梳理本节课重点内容，回答幻灯片中问题。	独立思考，抢答完成。 温馨提示： 限时 5 分钟

课题：弹力

课型：新授课　主备人：朱铭　审核人：李洪昌　审核时间：2013 年 12 月　使用人：朱铭

课题	弹力		使用年级	高一年级
时间	2013 年 12 月	地点	铁力市二中	
流程	具体内容			方法指导
学习目标	知识目标：知道什么是弹力以及弹力产生的条件；哪些力属于弹力，能在力的示意图中画出它们的方向。 能力目标：知道影响弹力大小的因素，了解胡克定律，会用胡克定律解决有关问题。 情感目标：通过解决实际问题，培养确定弹力方向的能力。			
一自主学习	1. 通过预习你知道什么是形变？什么是弹性形变？什么是弹性限度？请你举出物体发生形变的实例。 2. 弹力的概念是什么？常见的弹力有哪些？ 3. 胡克定律的内容：			温馨提示： 用时　分钟

(续表)

流程	具体内容	方法指导
二 合作 探究	探究一：形变 思考 1：用手拉弓或用手捏橡皮泥，弓和橡皮泥会发生什么变化？ 形变：物体在力的作用下＿＿＿＿＿或＿＿＿＿＿的变化。那形变产生的原因是什么？ 思考 2：用手拉弓和橡皮泥有什么不同？ 弹性形变：物体形变后＿＿＿＿＿＿＿＿＿＿＿＿＿。 例如： 思考 3：力作用在坚硬的物体上也有形变吗？ 思考 4：那么，形变有没有一个限度？请大家举例说明。 弹性限度：如果形变过大，使之超过一定限度，即使撤去外力后，物体不能完全＿＿＿＿＿＿＿＿＿＿＿，这个限度叫弹性限度。 探究二：弹力 讨论 1：发生形变的物体，对使它发生形变的物体有什么作用效果呢？比如说：射箭，弹簧推小车等。 讨论 2：它为什么会产生这样的效果呢？ 1. 弹力的概念：发生弹性形变的物体，由于要＿＿＿＿＿＿＿＿＿＿＿，会对与它＿＿＿＿＿＿＿＿＿＿产生力的作用，这种力就叫弹力。 2. 通过上面的事例研究弹力产生的条件 ①＿＿＿＿＿＿＿＿＿＿　②＿＿＿＿＿＿＿＿＿＿	温馨提示： 用时　分钟

（续表）

流程	具体内容	方法指导
二 合作 探究	3．几种常见的弹力的方向 ①物体放在水平桌面上 支持力：由于＿＿＿＿＿＿＿＿＿＿发生形变，对＿＿＿＿＿ ＿＿＿＿＿＿产生的弹力。 方向：垂直于物体的接触面，指向＿＿＿＿＿＿＿＿＿＿的 物体。 压力：由于＿＿＿＿＿＿＿＿＿＿发生形变，对＿＿＿＿＿＿ ＿＿＿＿＿产生的弹力。 方向：垂直于物体的接触面，指向＿＿＿＿＿＿＿的物体。 ②悬挂的物体 绳的拉力：由于绳子被拉长而对被拉物体产生的弹力 方向：沿着绳子而指向＿＿＿＿＿＿＿＿＿＿＿＿＿＿ 课堂练习：画出下列 3 个物体所受的弹力 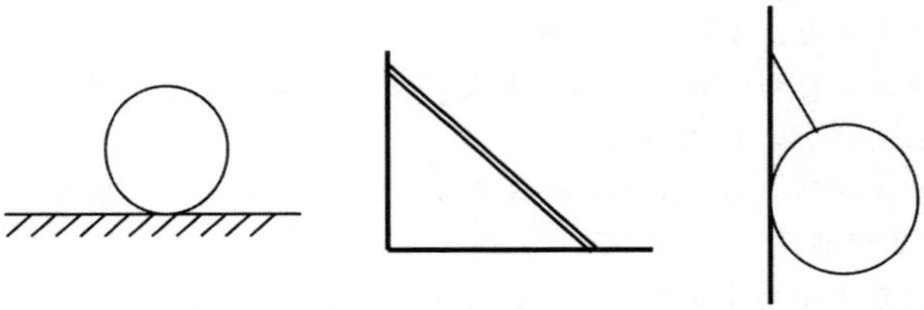 4．弹簧弹力的大小（胡克定律） 思考讨论影响弹力大小的因素有哪些？ 结论：弹力的大小跟＿＿＿＿＿＿＿有关；＿＿＿＿＿＿＿ 越大，弹力也越大，形变消失，弹力也随即消失。 弹力和形变的定量关系：$F=kx$ 对公式的理解： 1.画出下列各图中 A 物体所受弹力的示意图。 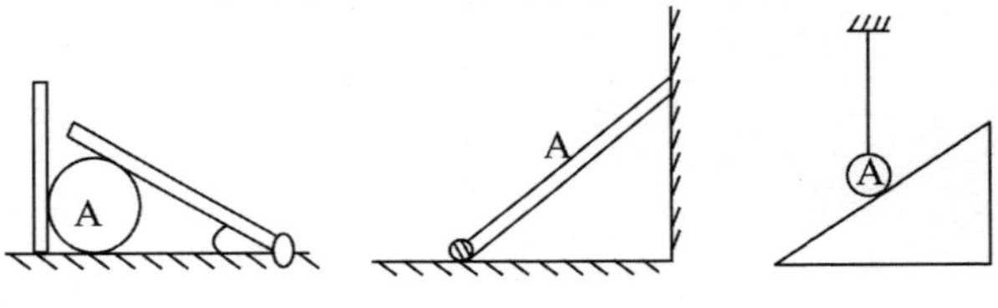 	

（续表）

流程	具体内容	方法指导
三 组内 小展		温馨提示： 用时　分钟
四 班级 展示	2. 在一根长 $l_0 = 50$ cm 的轻弹簧下竖直悬挂一个重 $G = 100$ N 的物体，弹簧的长度变为 $l_1 = 70$ cm。则该弹簧的劲度系数 $k =$ _____ N/m，若再挂一重为 200 N 的重物，弹簧的伸长量将为 _____ cm。 3. 关于弹力下列说法正确的是　　　　　　（　　） 　A. 静止在水平面上的物体所受的重力就是它对水平面的压力 　B. 压力、支持力、绳中的张力都属于弹力 　C. 弹力的大小与物体的形变程度有关，在弹性限度内形变程度越大，弹力越大 　D. 弹力的方向总是与施力物体恢复形变的方向相同 4. 下列说法正确的是　　　　　　　　　　（　　） 　A. 水杯放在水平桌面上受到一个向上的弹力，这是因为水杯发生微小形变而产生的 　B. 拿一细竹竿拨动水中漂浮的木块，木块受到的弹力是由于木块发生形变而产生的 　C. 绳对物体的拉力方向总是沿着绳而指向绳收缩的方向 　D. 挂在电线下的电灯受到向上的拉力，是因为电线发生微小形变而产生的	方法指导 温馨提示： 每组限时　分钟
五 强化 梳理		温馨提示： 限时　分钟

质疑辩难，
乐在其中矣！

课堂流程中的困惑与突破

导言："1＋3"课堂教学模式
课堂流程与课型设置

一、"1＋3"课堂教学模式展示课基本构架

理想课堂应该是师生互动、心灵对话的舞台；理想课堂应该是知识、生活与生命的共鸣；理想课堂应该是师生共同创造奇迹、唤醒各自沉睡潜能的时空；理想课堂应该是在场的每一颗心灵都敞开温情双手的怀抱，平等、民主、安全、愉悦；理想课堂应该是点燃学生智慧的火把、火种，是学生快乐学习、获得幸福人生的舞台。为了保证学生的生命体验得到充分的尊重，我们构建了以自主学习为核心的课堂教学模式。

"1＋3"课堂教学模式基本流程：自主预习—交流研讨—展示提升—效果校验。

"1"就是自主预习，体现先学后教的理念。重点抓课前预习，以教师设计的"导学案"为路线图，学生提前进入课程，熟悉知识；通读课本，把握学习目标，独立认真完成导学案，标记疑难，重点突破。预习是基础，没有"1"，后面的都是"0"。组长和各科任教师课前要检查导学案，并把检查结果在课前加入评价表中；预习不到位不得开新课，学生要继续完成预习任务；小组长做好组织管理，保证预习效果，科研小组长汇总自主预习发现的问题，课前与老师设计课堂。

"3"就是课堂的三个环节，即交流研讨、展示提升、效果校验。

"交流研讨"是课堂的第一个环节，用时 5—10 分钟，在完成预习评价、出示本节课学习目标之后，侧重学生的交流预习成果、研讨预习中存在的问题，解决预习中存在的问题，增强合作意识，发挥集体智慧，为展示提升做准备。

"展示提升"是课堂的第二个环节，用时 5—35 或 10—40 分钟，各组课前板书，课上根据学生预习和交流的情况，分组进行展示。展示的内容为：重点、难点、易错点、联想点。小组内再分组中组，展示组板前讲解，点评组评价、拓展，其他学生设疑生成，教师适时进行追问、点评、拓展、提升，抓住重点、突破难点，分析思路、总结规律。

"效果校验"是课堂的第三个环节，课上最后 5—10 分钟是达标测评环节。教师根据学生的学习程度和个体差异，分别给出不同的学习任务，对所学内容进行测试，根据结果反思教学目标的达成情况，对所学内容进行巩固、深化。既面向全体，又兼顾学优生和待优生，让不同的学生各有所得。

二、"1＋3"课堂教学模式复习课创新课型

在高考备考过程中，我们加强了对"1＋3"高考备考课型的研究，针对学校的实际情况，基于对"1＋3"课堂教学模式的创造性运用，我们又创造了适合本校学生的课型——"1＋3"模式下的特色复习课型。

（一）复习课——自助展示课型

课堂采用自主预习（问题驱动）→小展自助（重点难点）→大展提升（梳理归纳、典例评析）→效果校验（变式巩固）的流程，将"自助餐"式的展示引入课堂，在充分预习的基础上，教师课前培训学科组长。每小组负责一部分问题的讲解，前 10 分钟，学生把自己没有解决的问题拿到板前，由负责这个问题的小组成员讲解，直到解决所有问题为止，出现全班共性的问题由教师统一点拨。这种课堂形式增大了容量，提高了效率，更有针对性，实现了学生学习的自主。

1. 问题驱动，自主学习

（1）依据考试大纲对知识点和能力的要求，为学生设计自主学习式提纲和针对性练习题，以学案形式呈现。

（2）学生按照学案内容自主完成学习提纲和针对性练习题的内容，复习巩固知识要点，掌握主干知识和规律。

2. 小展自助，突破重点

（1）将"自助餐"式的展示引入课堂，由已接受教师培训的学科组长代表小组讲解本小组预习时未能解决的问题，直到解决大部分重点问题为止。

3. 大展提升，点拨归纳

（1）教师结合课堂上学生自助学习情况和小组提出的共性问题，对本节课的重点知识进行归类，引导学生梳理知识点、构建知识网络。

（2）教师结合小组提出的问题对本节的难点、疑点进行重点讲解，对相关理论和规律进行归纳、拓展。

4. 典例评析，深化提高

（1）结合本节课的重点、难点和疑点为学生出示有针对性的例题和探究性问题。

（2）学生独立完成问题的解答，对难度较大的，小组内可进行合作学习。

（3）以小组为单位展示探究结果和思维过程。教师适时引导学生质疑、提问，通过师生之间、生生之间的思维碰撞，形成科学的解题思路和方法。

（4）教师适时指导学生正确地分析问题，规范地解答问题，灵活地应用知识，提升对知识的理解和应用。

5. 变式巩固，拓展完善

（1）针对本节课的重点、难点和疑点内容，选择适量的变式练习进行课堂训练，达到熟练、巩固和提升的目的。

（2）教师及时巡视，把握学生的训练状况，并适时评析，对重点的内容进一步强调和拓展。

（3）教师要引导学生进行反思总结、归纳整理、前挂后连、完善知识体系，典型的问题要在错题本上做好整理记录。

（二）复习课——试卷讲评课型

1．自查自纠

（1）教师对试卷全批全改，并对典型问题和出错较为集中的问题做好记录。

（2）发放答案，对照自查。让学生独立地对照答案分析错题的原因（包括知识、思路、方法、技巧、规范等方面），更正解题过程与答案。

（3）教师进行巡视指导。

2．合作交流

（1）对于学生自查自纠还没有解决的问题，实施合作学习。个人提出问题，其他同学解答或小组内进行讨论、争辩等。以学生之间的智慧共享，进一步促进学生认识和理解深化。

（2）教师巡视各组讨论，及时调控讨论情况，掌控学生思维的脉搏。

3．问题汇报

（1）对有争议的问题和小组未解决的问题，由小组长进行整理并集中时间汇报。

（2）对各组展示的问题，教师必须进行二次备课，对学生所提问题进行归类、分析形成的原因，理清引导学生解决问题的思路和方法。

4．教师点拨

对学生所提较为集中的问题，教师要从原因分析入手，从概念、规律认识、理解的深刻性、全面性方面，从解题方法、技巧的灵活性方面，从解题过程的规范性方面，从题干情境和设问的变化性方面进行重点讲解、举一反三，实施重锤敲击。

5．梳理巩固

（1）学生梳理错题解答的规律与方法，完成满分卷。

（2）根据试卷中集中出现的问题和学生的反馈情况，教师在课后投放一组对应的补偿训练题（注意针对性），以强化对试卷中问题的理解和巩固。训练题的选择要注意对错题进行变式处理，通过改变条件、背景或设问，进一步开拓学生思路，增强适应能力和迁移能力。

在实际操作中教师可以据实际情况对某些教学环节做适度调节，给学生足够的时间与空间自主探究、合作交流，使教学过程自然流畅，使教学内容在教师与学生、学生与学生之间的多变活动中得到有效的落实，达到事半功倍的效果。

三、"1＋3"课堂教学模式学科特色课型

不同学科知识特点不同、认知要求各异，我们在坚持高效目标的基础上，根据各学科的不同特点，调整课堂环节，打造出适合各个学科、形态各异的"1＋3"课堂。

1. 语文特色重实效。语文学科根据不同体裁，构建了散文、小说、诗歌、文言文、论述类文本、作文、语言 7 种不同课型，每种课型针对体裁的不同特点设计了富有实效的学习环节，实现了对高效课堂各环节的灵活应用。

2. 英语特色抓关键。英语学科根据题型不同，构建了口语、语法、写作、精读、略读 5 种不同课型。

3. 政治、历史、地理、生物四个学科根据知识点较为集中的特点，创造出知识点整合课型。将一周教学中所涉及的知识点进行统一整合，设计知识点集中预习导学案，并设计相对应的预习课课型，在每周第一、二节进行课上集中预习，然后设计配套训练案，对知识点进行反复训练，凸显了学科特点，让课型更趋科学合理。

问题 7：独学过程中，教师处于"不作为"状态吗？

独学是就学习个体而言的，也就是学生个体的独立学习。高效课堂要求学生的学习从独学开始，独学也是高效课堂学生学习步骤的第一步。所有有效地促进学生发展的学习都一定是自主学习，我们常称其为自学。培养学生的学习能力也主要指培养学生的自学能力，所以独学非常重要。

高效课堂中的"独学"具有这样的三个特征：一是"裸学"，也就是学生直接面向教材进行阅读、思考。二是"静学"，安静地"独学"，有足够时间地"独学"。三是"助学"。"独学"也需要有"凭借"，教材、教辅材料、工具书都是独学的工具。只要学生能够正确地应用这些工具，学生预习的质量就会大大提高。

那么，在学生独学的过程中，教师是不是就无所作为了呢？实践证明，要想让学生进行深入的独学，教师的作用不可忽视。我们的"独学"要求教师做到"三导一察"。

一、导入情境

兴趣是最好的教师。当学生对自学课本产生了兴趣，就会在大脑中形成兴奋中心，表现出高度集中的注意力和敏锐的感知力，记忆力增强，想象力愈来愈丰富。在实际教学中，教师要充分发挥主导作用，努力挖掘教材的趣味因素，设置悬念，渲染气氛，激发学生的自学兴趣，使学生把自学课本当作一种自我需要。教师对情景的预设应注意：启迪性、趣味性、知识性、关联性。

二、引导方法

加强对独立自学环节的方法指导，保证方法指导的实效性，关键是做好两个层面的工作：一方面，授课教师要针对具体内容给出建议，让学生知道应该怎么做。比如针对具体知识特点出示看一看、想一想、议一议、练一练、说一说等方法性字眼，学法指导可以直接编入导学案，一题一法，也可以根据不同班级的不同学情，展示在电子演示文稿上，让学生得到直观的方法指导。

另一方面，还要指导学生如何运用"助学"的材料。教会学生如何使用教辅资料辅助自己的学习，而不是机械地照抄照搬，要求学生独学时，阅读教材、完成 A 级问题；查阅工具书，完成 B/C 级问题；阅读教辅资料，解决疑难问题。

三、督导过程

在巡中督导。学生自学，教师巡视。学生自学时，教师通过观察，了解学生自学情况，端正学生的自学态度；学生在自学时教师加强督查，及时表扬自学速度快、效果好的学生，激励他们更加认真地自学；重视巡视后进生的自学，甚至可以给后进生说几名悄悄话，帮助其端正自学态度，使他们变得认真起来；同时掌握学情，为课上展示点拨做准备。

督导要面向全体学生，不得只顾辅导一两个学生，而放弃了督促大多数学生。教师不得在黑板上抄检测练习或做与教学无关的事情，因为这样会分散学生的注意力。

四、检查效果

在查中落实。检查学生的自学效果，这是一个必不可少的环节。通过检查，可以纠正不足；通过检查使学生看到自己运用学法所取得的成绩，获得成功的满足和喜悦，激发学生运用学法的兴趣。所以在学生自学后，应采取一定的方法检查自学效果，了解学生的自学情况。从检查对象上讲，一般可以采取学生自查、小组互查、教师抽查三种方式相结合的形式进行检查。从检查方式上讲，可以采取背诵、做题、表达等方式进行。

总之，只有独学的深入才有群学的高效。独学需要积极地静默。

问题 8：对学过程中，各帮扶对子完成对学的时间长短不一致，先完成对学的对子如何处理对学到群学的这段时间？这样会不会造成时间浪费和注意力流失？

对学是指学习对子的合作学习。一般是两名学生。它是高效课堂上独学之后的一个基本步骤，目的是解决独学过程中学生所存在的问题，并汇总出对学时的疑难问题，留待群学环节讨论。

学习对子的步调不一致是我们课改初期的常见现象，经过实践，我们认为其原因主要有两点：

第一，是由小组内学习对子的搭配不够灵活造成的。我们采取的方法是交叉结对、动态对学。

在同一小组中，有两种学习对子同时存在，就是"同质对子"和"异质对子"。

教师在教学中要充分了解每个学生在学习上的强项和弱项，以及在组织管理上的优势和劣势，为组建帮扶对子打下基础。

"同质对子"由优缺点相同的同学组成。对学环节中，首先要保证同质对子之间的对学。因为他们基础相近，他们的有些问题就有可能是共性问题，也有可能存在的问题不同，但由于处于同一层次，有着相同或者近似的"最近发展区"，所以有平等的话语权，便于沟通合作。因此可以通过这种小型合作解决有关问题。也因为同质对子的这一特征，所以他们容易达成共识，疑难点也差不多，因此，在导学问题难度不大的情况下，这些学习对子完成对学的时间相差无几。

"异质对子"则以"强弱、优劣互补"的形式组成。我们经过观察发现，一般小组都是八个人，在划分小组的时候，都是按学习、管理的不同特长分层划分的。在导学问题有一定难度的情况下，先完成对学的同质小组（一般都是优生组和待优组）之间的合作学习。因为优生组基础好，想法容易统一，疑难点少；待优组能够讨论解决的问题少，疑难问题多，用时也很少。而在这样的情况下，待优组对学的效率不高，又容易造成优生组注意力流失。这时，就开始在帮扶对子之间进行帮扶式对学，由优生组同学为邻近的待优组同学解答疑难问题。待中等组同学结束对学后，所有小组一起加入到学习中来，便顺利过渡到了群学。这样，两种学习对子互为补充，灵活交叉，让对学更有实效。

第二，是由学生的主观原因造成的。学生在思想上认为这种学习方式没有用，有抵触情绪，所以装模作样对学几句就一言不发了，造成对子之间的时间流失；或者有些待优生纪律观念淡薄，在对学时间闲聊或走神，做与课堂无关的事，造成精力流失。

对于第一个问题，需要教师在课下做好学生的思想工作，让学生认识到对学的作用；在课上巡视过程中多督促对学不充分的对子，采用及时提醒或抛出问题等方法引导对学深入下去，让学生真正感受到对学的益处，久而久之，对学会越来越有实效。

针对纪律涣散、想趁全班学生学习浑水摸鱼的学生，教师除了及时提醒他们加入到学习过程之中去，还要发挥评价的作用，及时指出哪组同学（而不是个别同学）有违纪行为，给小组扣分，并要求组长限期整改，发挥小组的力量，让优秀生去带动、监督待优生，使其养成良好的学习习惯，尽快融入集体学习中来。

对学不是走形式，而是真正实现生生之间的问题交流，使简单问题能够组内消化。学生正是在这种发现问题、探究问题、解决问题的过程中逐渐培养起来分析问题、解决问题的能力以及思维能力和创造能力。任何一个高效课堂的环节都不是孤立的，而是有机联系在一起的。对于个别难度不大的导学案，甚至可以跳过对学，直接进入群学阶段。

问题 9：异质帮扶对子中的优秀同学经过一段合作学习后，认为帮助待优同学浪费了自己的学习时间，不愿意与待优同学结对子怎么办？

这个问题的成因是多方面的，归纳起来有以下几点：

1. 优秀同学集体观念淡薄，存在自私自利的心理。

2. 优秀同学没有意识到合作学习的益处。

3. 优秀同学采用的帮扶方法或学习时间安排不得当，造成学习效率不高。

4. 缺乏相应的激励机制，优秀同学缺乏积极性。

针对这些原因，我们采取了以下几条措施。

对策一：将评价细化到帮扶对子之中。在异质对子中，待优同学进步与否，直接影响优秀同学的个人得分，待优同学进步大的，在为待优同学加分的同时，也为优秀同学加分，反之则给优秀同学扣分；待优同学有进步，全组加分；待优同学退步或停止不前，全组分数降低。以此激发优秀同学的积极性，同时，使得组内同学认识到"短板"给小组带来的影响，有助于全组形成合力，共同帮助待优同学。

对策二：做好优秀同学的思想工作，让他们明白集体的力量大于同等数量个人力量的简单叠加。让他们意识到，在帮助待优同学的同时，也是帮助自己熟悉巩固已经学会的知识，加深印象。而且，很多掌握得并不牢固的知识点或解题方法，可以通过向别人讲解融会贯通，形成完整的知识体系，让优秀同学认识到合作学习的好处。

另外，要让学生们明确，他们往往存在偏科的现象，在语文上是优秀的，在数学上就不见得是优秀了。每个人在帮助别人提高的同时，也会受到别人的帮助。小组成员正是在相互帮助的过程中共同提升的。

　　对策三：虽然优秀同学是小组中相对优秀的学生，但他们毕竟是学生，讲题的方式方法、对重难点的把握都可能不准确，造成待优同学理解上的偏差，优秀同学没有成就感，觉得劳而无功，影响了优秀同学的积极性。教师应该及时了解情况，对优秀同学进行有关教法的简单培训，让他们掌握讲解问题的有效方法。这种训练不但能提高优秀同学的素质，还能让待优同学从中受益。

　　还有些优秀同学不能合理安排自己的学习时间，造成学习效率低，学习任务完不成，反而归咎于待优同学。教师应及时与他们沟通，在班级中强调计划的重要性，帮助学生制订科学高效的学习计划，提高优秀同学的学习效率，他们自然不会排斥帮助同学了。

　　对策四：对于帮扶效果比较好、待优同学进步较大的学习对子，在月考后、学期末可以给予一定的奖励，让优秀同学感受到"赠人玫瑰，手留余香"的喜悦，提高他们的积极性。

问题 10：有的小组对学过程很有秩序，到了群学过程就显得混乱，讨论的效率不高，这个问题怎么解决？

　　群学的秩序和效率主要依靠教师培训引导和小组长统筹调控。要做到热闹而不混乱、紧张但是有序、参与度高却不七嘴八舌。

　　各科教师在培训学科小组长的时候，要向小组长讲清群学过程中小组长的职责，指导小组长针对本小组的实际情况制订明确的学科组长的工作方法、步骤，并严格按照规程组织群学。

　　另外，教师也可以通过课前对导学案的批改来为小组长安排讨论顺序提供参考。教师批改导学案时，要尽量精批、细批，即便不去改正错题，也要将导学案完成过程中学生做得比较好的简单标注出来，并在分层评价上有所体现。

在群学过程中，小组长首先是疑难问题的汇总者。学习对子对学之后筛选出的疑难问题，由每个对子选一名同学汇报给小组长，小组长按这些问题在导学案中的顺序，依次组织讨论发言，讨论发言的先后次序由小组长安排。

安排的标准有二：一是常规标准。即提出问题的对子最后发言，其他对子按"同质对子"的层级由上至下发言。比如，一个 B 级对子的疑难问题，先由 A 级对子发言，再由另一 B 级对子发言，再由 C 级对子发言。小组成员发言过程中，小组长要做好记录，哪些问题已经解决，哪些问题尚未解决，哪些问题是全组成员的共同疑惑。

二是优先标准。优先标准指的是会的人优先、对的人优先。有些问题，可能小组中只有一两个人能够解答，这时，小组长要优先让会的同学发言，其他同学受到启发有了自己的看法后，再按常规顺序进行讨论。或者小组长根据上交导学案前对组员完成的导学案所做的小组评价判断某一问题的完成情况，再让做得比较好的同学优先发言；小组长还可以根据教师批阅导学案的结果，让得 A 的同学优先发言，其他同学以此类推；针对具体问题，也可以看教师评价，哪些同学的回答得到了老师的肯定，就可以优先发言。

小组长可以根据这两条标准灵活掌握，在群学开始后的一分钟内迅速安排好发言的次序，以免发言时次序混乱，导致讨论表面热闹，实际无效。

最后，小组长还要对讨论纪律进行监督和强调。在一位同学发言的时候，要求其他人全神贯注地倾听同学发言，不要随意打断。小组长要保证组员的畅所欲言，如果有的同学语言表达能力不强，小组长可以进行课下辅导或向老师求助，不要在小组讨论时强行阻止这样的同学发言，以免打消他们的积极性；同时，对于组员的发言要强调语言简洁，观点不要重复啰唆，观点与其他人相同的就不必重说一遍。如果某一同学对某一问题实在没有看法，就不必一定要发言，可以在倾听的同时做好记录或者准备展示。

总的来说，群学强调的是学习的实效，不是作秀，更不是个别优秀生展示自己的舞台。只有小组长充分发挥自己的作用，群学才能真正落到实处。

问题 11：有的小组长反映："每天的学习科目至少有 6 科，每科都要对组员进行培训答疑，但学习时间紧张，根本就没有培训的时间，而且有的同学都不会，讲起来更浪费时间了。这个问题怎么解决？"

高效科研小组是高效课堂的中流砥柱，高效科研小组的活动开展得好不好，直接关系到高效课堂的课堂容量和学习效果。但高中生学习任务重、时间少，高效科研小组的培训应该如何开展，是值得我们深思熟虑、精心安排的，要做到既不让高效学习小组成员有负担，又能真正实现"兵教兵、兵练兵、兵强兵"。

一、培训时间见缝插针

每科高效科研小组培训时间都要安排在组员自主学习之后，否则会让很多组员依赖科研小组的培训，自己不去思考，久而久之丧失了自主学习能力，还给学科组长增加了负担，影响了他们的学习。

首先，科任教师利用课间等零散时间，对高效科研小组组员进行培训。培训内容往往是第二天课上学习内容中的疑难点和学习方法、学习思路。这个培训只需要十分钟到十五分钟，不会影响学生的正常学习。

其次，各学科组长在自习时间对组员培训。我校的自主学习一般都安排在自习课上进行，除了晚自习时间外，每天 7、8 节都是自习时间，学生每天的自习时间接近 5 小时。在每节自习课最后的 10 分钟或 15 分钟，都是高效科研小组的培训时间，一共能够完成 5 个学科的培训。由于我校高一高二需要课下预习的有 6 个学科，政史地课上预习，而高三只有 6 个学科。这样，除去当天没有安排的课，学生每天需要课下预习的基本只有 5 个学科，这样既保证了学生的独学时间和质量，同时又保证高效科研小组活动的顺利开展。

再次，除了学校安排的培训时间外，如遇特殊情况，学科小组长还可以利用课余时间进行简短的培训。例如，利用早自习时间开展 15 分钟培训，或者利用某个课间进行培训。对于文科科目，甚至可以在课间操之前、午休之前、晚自习之前的小块时间进行培训。培训时间由学习内容的难易度而定，并不是每天都要利用休息时间进行培训，以免加重学科组长的负担。

二、培训方式灵活变通

一般来说，我们的学科组长都采取"三结合"的培训方式，即普遍培训和个体培训相结合、知识讲解和方法指导相结合、组长培训和精英培训相结合。

在自习课上，学科小组长可针对全体组员开展普遍培训，组员把学习过程中遇到的疑难问题提出来，由组长根据课前老师的具体指导来一一解答，其他同学如有不同想法，也可以提出来共同讨论，但要以组长的培训点拨为主。如果经过集体培训，有的待优生对于其他组员都已明了的问题还有疑问，就要采取个体培训。个体培训不要占用普遍培训的时间，它的时间可以由组长灵活安排，例如上学放学的路上、课间、就寝之前等等，甚至占用一点儿休息时间也是可以的。

学科组长毕竟不是老师，他们只负责为本组同学解答较为浅近的问题，或者为重难点做一点拨，不能要求学科小组长完全取代教师去教会学生，因此，学科小组长的培训内容虽然要涉及知识层面，但更多的培训内容应该是学习方法和解题思路。学科组长要在思维方式上对本组同学进行有益的指导。

遇到难点的时候，学科组长还可以发动组内学习成绩优良的同学对组员进行培训，这就要求学科组长对本小组成员的长处了如指掌，在自己对某一问题也存在困惑的时候，能够挖掘小组内的潜力，完成培训任务。

三、培训内容突出重点

每科课前都会下发一张导学案，学科小组长的培训并不是要面面俱到地把导学案上的每一个问题都讲清，而是要针对重点难点问题，结合独学的疑难汇总，进行知识上的点拨、方法上的引领，因此，一些非重点内容可以暂时放一放，留待对学群学环节去解决，没有必要把组员的所有疑难都进行解答，只挑选共性问题即可。

总而言之，高效学习小组是高效课堂必不可少的带动力量，他们能够通过培训的方式为班级营造出浓厚的学习氛围。另外，每个小组各学科的学科组长各不相同。在我们这个班额不大的学校里，几乎所有同学都是学科小组长。学生们在帮助他人学习的同时，也能享受到其他同学的帮助，就在这种互助学习的氛围下，全体同学的成绩都能有所提高。

问题 12：教师在巡视各小组讨论情况时应该做什么？是否应该解答小组提出的问题？

高效课堂教学是个动态过程。在课堂上，学情随时都会发生变化，随时都会生成很多新的问题，往往就会超出教师的预设。因此，教师对课堂的驾驭和调控行为就显得非常重要。其中，在对学、群学过程中的巡视就是教师掌控课堂节奏、提升课堂质量的重要一环。在对学和群学中，教师要深入小组这是毋庸置疑的了，以避免很多学生在讨论时置身事外。但是，教师在巡视过程中对小组学习的参与应该把握一个怎样的

"度"？教师在学生对学群学过程中应该做什么？

一、倾听大于解答

很多教师一深入小组就直接打断小组同学的有序展示，询问有什么疑难点。这时学生的对学尚未完成，疑难点也没有整理出来，对教师的问题茫然无措，或者随便拿出某个人的疑难问题问一问，甚至直接跳过讨论，就拿需要展示的问题直接询问老师，把教师讲全班听变成了教师挨个小组讲，各小组依次听。这与传统课堂在本质上没有任何区别，教师疲于奔命，学生坐享其成。

教师在巡视时，应该做一个倾听者：一听学生对学群学讨论是否有实效、是不是走过场，二听学生在讨论中是否思路阻塞，三听学生基础知识有没有漏洞，四听学生思路上是否有偏差。然后根据课堂的需要判断何时进行点拨、点拨什么、点拨到什么程度。一般在学生思路出现偏差、思路阻塞、基础知识存在漏洞但这个漏洞又不是共性问题时，教师要及时用一两句简洁而富有启发性的话进行纠正和提示。教师不要解答学生对于展示任务的直接答案提出的问题，要尽量多的在学法上进行指导，强调辅助工具的应用，把自己的回答保持在"引而不发"的状态。

二、观察大于干涉

教师巡视的一个重要目的是为了掌握学情，所以在巡视期间，教师要注意观察学生的群学行为。比如小组长的任务分配、讨论安排是否合理，疑难问题的排除和汇总是否科学高效，记录学生疑难点、生成问题，调整课前准备，随机设计新的追问……在这个过程中，教师尽量不要去干涉学生的讨论。但是，如果出现了因小组长分工不合理造成的讨论混乱或者假讨论，教师应及时介入进行疏导纠正。例如某一小组疑难过多、过杂、过简，教师要及时介入帮助排除浅层次问题。

三、调控大于命令

有时，学生群学过程中会出现时间安排不当、讨论重点偏差等问题。

比如有的小组会出现纠缠于某个问题进行无效讨论，其他问题没时间深入研讨的现象，或者讨论时太注重细枝末节，抓不住重点。这时，教师要及时进行调控，但不是以命令的口吻强制学生做什么，而是用建议的口气提示学生，或者在方法上进行一定的指导。比如，"针对本文的重点问题探究四，你们有什么看法吗？是不是可以先把其他探究放一放？"教师的调控是为了调解讨论的节奏，而不是操纵学生的行为。

四、全局大于个体

学生在讨论中可能会产生很多问题，但教师的巡视指导是面向整体的，教师在每个小组进行指导的时间应该是差不多的，巡视过程中除了深入小组之外，还要关注整体对学、群学情况，不能在某位同学的问题上占用太多时间，因此，即使有些个性问题需要解答，也要三言两语、简明扼要。教师在个别问题上占用太多时间，会让课堂处于暂时的无序状态，容易滋生假讨论。

五、态度大于结果

对学群学结束之后，教师要及时对合作学习环节进行有效的评价，这个评价要有针对性，要层次分明，不能笼统地说"很好"，否则会挫伤认真研讨同学的积极性，让浑水摸鱼的同学抱有侥幸心理。教师对合作探究环节的评价要重态度、重实效，不要过于看重结果的对错。对于讨论组织有序科学、态度认真、疑难汇总明确清晰、通过讨论真正能够解决一部分问题的小组应给予较高评价，至于学生讨论的答案是否真的全部正确，在评价中不用太强调。毕竟学生的交流研讨不是为了解决所有问题，教师要通过评价规范学生对学群学的行为，提升讨论的实效。

问题 13：如何在不挫伤"学霸"积极性的前提下，实现小组成员的全员参与、合作共赢？

小组合作学习如果处理不当，久而久之就容易出现优生独霸课堂的现象，我们称之为"学霸"，笔者认为，这种现象也应该一分为二地看待。一方面，"学霸"的出现带来了"精英展示"的弊端，让小组合作学习的"合作"形同虚设，把人人参与的课堂变成了几个优生一手遮天的"讲堂"；另一方面，这也说明了在小组合作学习过程中，优生的积极性最先显现出来，只要我们引导得法，他们的积极性就能向着好的方向发展，在小组学习中起到良好的带动作用。

一、利用帮扶对子转移"学霸"的成就点

"学霸"之所以独霸课堂，其原因是多方面的，比如教师的偏爱或待优生的不参与等，但归根结底是这些优生在课堂展示环节以其精彩的展示获得了同学的认同，为自己的小组得到了高分，他们从中获得了独占鳌头的成就感，因此，他们参与课堂的积极性被点燃了。作为教师，我们不能打消这些学生的积极性，但我们可以让他们与 C 级同学结对子，同时让这些优生担任学科小组长或行政小组长，让学有余力的他们帮助B、C 级同学，并在 B、C 级同学精彩展示、学习兴趣提高并取得进步时，或者小组成员表现突出时，也表扬这些 A 级同学，让他们明白，退居幕后也是英雄，转移他们的成就点，他们就会乐于把机会让给其他同学。

二、运用灵活的课堂评价分"学霸"的权

高效课堂的评价不应该是唯能力的，而应该是奖励进步的；不应该是成就个别"精英"的，而应该是面向团队的。因此，想要提高课堂参与的广度，就要在评价上下功夫。

　　第一，在课堂评价和日常活动评价中，要淡化个人，强调整体。对于团队合作展示的组多表扬、给高分；对于精英展示的组，即便展示得再好，也不做过多的表扬，更不多加分。让评价标准去影响学生。

　　第二，强调 B、C 级同学展示加分标准。同样的问题 A 级同学展示得 3 分，B 级同学展示得 4 分，C 级同学展示得 7 分。这样，"学霸"们就必须把注意力放在 C 级的学生上，努力帮助 C 级同学学会、会学、会展示。C 级同学看到自己的展示能够为小组争得更多的分数，学习积极性也会慢慢提高。

三、小组建设培养团队合作观念

　　上面两点强调的都是教师的宏观调控，要想真正达到人人参与，还离不开思想建设。在小组建设的各种活动中，突出团队合作的意识，让学生们意识到团队合作的重要性，无论"学霸"还是待优生，都是小组的一部分，无论哪一部分出了问题，都会影响到小组的分数。要努力培养他们团队合作的方法和精神。

问题 14：对于小组中不参与讨论展示的"看客"，应采取什么措施让他们融入小组学习中来？

　　学生不参与小组学习的原因很多，大多数"看客"是因为基础不好，对自己没有信心，不敢表达自己的想法，甚至是因为导学问题太难，他们根本不会，更谈不上讨论展示了。但也有一部分"看客"成绩不错，自视甚高，觉得讨论学习还不如自己学习。针对这些现象，我们采取了以下措施。

一、营造平等互助的学习氛围

　　良好的班级氛围是每个学生活泼、健康成长的条件之一。尤其是待优生，他们更希望班级中的每位成员给予他们更多的帮助，这样会使他们感觉到自己并没有被歧视，从而增强学习的信心，也才会更加坦然、自信地参与到合作学习中。因此，营造平等互助的班级学习氛围是待优生积极参与小组合作学习的首要条件。平时教师要注重培养学生团结协作的意识，教育学生互帮互学、共同进步。针对待优生学习上的困难，除了教师个别辅导外，还要通过结对、高效科研小组帮扶等方法进行指导，并通过开展小测验、举行导学案展、班级内调查问卷等不同的评价方式，评出本周、本月、本学期的"最佳对子奖""最具潜质的小老师奖"以及中等生、待优生中的"最进步奖"。在这样的互助、激励过程中，学生间形成了一种团结合作的精神，并具有了竞争的意识，也使得待优生在得到来自各方人士的帮助与支持后，内心充满了温暖与感激，并看到了自己的进步与成功后，从而重新审视自己，为有朝一日与其他同学平起平坐而奋勇直追。

二、善于发掘待优生的闪光点

挫折感、自卑感和孤独感是羁绊所有待优生的普遍的、消极的心理状态。而这种心理状态的形成，归根结底是大多数同学对他们所持的看法造成的。在许多优等生的眼里，差生似乎一无是处，让他们参与小组合作学习，只会拖本组的后腿，再者有些教师在安排小组长合作学习后，常附上一句话"看哪个组完成得又快又好"，因而为了本组的利益，在合作学习中，常常是优等生唱了主角。而这些待优生由于自卑心理，也只能在一旁观望。面对这种情况，我们平时要善于发掘差生的闪光点，让优等生看到他们也有闪亮的一面，从而在小组合作学习中接纳他们，给予他们参与的机会。待优生做出的任何一点努力，课堂上的任何一点进步，教师都要用诚恳热情的语言去表扬他、鼓励他做得更好，树立待优生的信心。

三、启发引导待优生思考问题

在合作学习中，待优生参与性不强，除了上面所提到的原因外，还有另外一个重要原因——不懂。在合作学习中，对于教师提出的讨论问题，他们不懂得怎样去想，更不懂得怎样才能插上组员的话题，结果只能当听众了。而出现这种现象，笔者认为主要是他们找不到思考问题的方法与角度，也不知道利用所学过的知识解决当前的问题。针对这种情况，教师要利用一切机会对他们进行辅导，教他们思考的方法，帮助他们拥有思考的胆量；并在他们独立思考时，走到他们中间，同他们讨论，给他们提示。这样，在小组合作讨论时，他们就有话可说、有事可做了。为待优生创造一个小组合作学习的机会，使他们能真正参与合作学习的过程，并从中学到有用的知识。这不是一朝一夕就能做好的事情，需要我们教师不断地去引导。

至于那些对合作学习不感兴趣的学生，我们就要千方百计地让他们认识到合作学习的好处，唤醒学生强烈的求知欲望，使他们主动地参与，自主地发展。新课标明确提出："教学的艺术不在于教授的知识，而在于激励、唤醒、鼓舞。"

四、创设合作情境，确保参与广度

引导学生进行合作活动是提高课堂参与度的重要手段。课堂教学是师生多边的活动过程。教师的"教"是为了学生的"学"。优化课堂教学的关键是教师在教学过程中积极引导学生最大限度地参与，让学生动手操作、动眼观察、动脑思考、动口表达。因此，教师必须强化学生的参与意识，主动为学生参与教学过程创造条件、创设情境，如小组排演课本剧，小组成员共同完成对一首诗歌诵读、炼字、修辞、情感四方面的鉴赏任务等，让学生在合作活动中学会相互信任、相互依靠，懂得 $1+1$ >2 的道理，久而久之，"看客"们就会融入集体中了。

五、支持交流，培养参与能力

在高效课堂上，学生与学生之间的交流与合作，既可使学生从多角度看问题，也可使学生通过对比，发现自己存在的问题，同学间相互弥补、借鉴，形成立体交互的思维网络，往往能产生 1＋1＞2 的效果。

在小组合作交流的过程中，教师要引导学生虚心倾听同伴的发言，特别要认真思考和自己想法不完全一致的意见，补充或修正自己的意见。在发表意见时，要以理服人，使交流的内容不断深入。当个别学生胆小或自卑，羞于启齿时，要教育他们大胆地说出自己的想法，激励他们不要怕说错，暴露缺点有利于进步；当个别学生过分好胜，唯恐自己落在他人后面，以至还没有经过认真思考，就抢先发表意见时，教师则要教育他们学会考虑和尊重他人，并且只有自己做好准备，才能有高质量的发言。通过学生间的交流达到互相学习、互相帮助、共同进步、共同提高的目的，在合作交流中求得认识的统一和思维的发散。要知道每个人交换一件物品，每个人得到的只是一件物品，而如果交换的是一种思维，那就会产生新的有更丰富内容的思想。

六、创设成功情境，激励参与热情

苏霍姆林斯基说："成功的体验是一种巨大的情绪力量，它可以促进学生好好学习的愿望。"在教学中，教师要根据学生的心理特点和认知水平，创设一个人人都能参与的教学情境，为全体学生搭建一座通向成功彼岸的桥梁。

问题 15：有的同学说："反正之后还要进行全班大展示，为什么还要在组内先小展示一下呢，这不是浪费时间吗？"对这个问题应该怎么看？

出现"小展示"这个提法之后，很多教师都不明确所谓"小展示"有没有必要开展，应该怎么开展。应该说，小展示的内容与大展示的内容是有区别的，小展示指小组内由学习组长组织的展示，即交流研讨之后，组员针对教师分配的学习任务将学习成果在小组内进行展示汇报；大展示指小组在全班进行展示汇报，一般由教师组织，当然也可以由学生代表组织。二者的区别在于展示的范围不同、问题的共性度不同和内容的层次不同。小展示的目的是一方面展示对学、群学的学习成果，另一方面暴露对学、群学中尚未解决的问题，并由学习组长将学习成果或暴露问题汇报给教师，便于教师把握学情，进行大展示。也有的学校把小展示称为"预展"，将展示同学的展示准备过程、板书设计和书写过程都包括在小展示之中。总的说来，小展示是大展示的有益补充，是做好大展示的前提条件。

一、小展示的内容和步骤

（一）小展示的流程

1. 学习组长领取展示任务，宣布："现在我们开始小展示。"全体组员立即聚焦。

2. 在合作探究中为了节省时间、提高效率，优先由程度较好的同学发言，但在小展示过程中，建议由待优学生发言，中等学生补充、纠正、完善，优秀学生点评。这样能够保证讨论过程中有个别没有发言的待优同学有参与小组学习活动的机会，而且这时的待优同学在倾听了其他同学的发言之后，大多已经形成了一些自己的看法，也会有话可说。

3. 先梳理群学的学习收获，暴露问题，再重点展示学习的重点、难点、易错点、焦点、生成点等问题。因为经过了群学，学生们的疑难问题已经比较集中，在小展示过程中要进行比较深入的研究探讨。一般次序是先解决其他疑难问题，再集中讨论展示任务。

4. 记录员（一般是学科小组长）做好记录，并在组员发言期间根据展示任务迅速形成本组大展示的草稿，布置好展示活动分工，比如哪两个人去板书，哪两个人准备板前展示。组长本人或布置一位同学将本组学习疑问标注在相应小组的板面指定位置。

5. 用最短时间进行板书，在任务量大的时候，可以一边板书一边补充。

（二）小展示对学生的基本要求

1. 站位：小展示时，组员聚拢，轻轻地、快速地把凳子移到课桌下面。

2. 声音：声音适中，以本组组员听清为宜，但不要过小。

3. 肢体：展示者要使用肢体语言。肢体语言自然、丰富，能起到烘托映衬展示内容的作用。

（三）小展示对教师的基本要求

1. 学情调查：调查的方式可以是教师巡视指导和学习组长的反馈。教师就小展示暴露出来的问题和小组备展的内容，灵活调整预设的时间安排，以此再次调整大展示的限定内容、时间、方式。

2. 即时性评价：教师在关注学情的过程中，开展即时性评价，三言两语，言简意赅，以此激励学生，并把小展示的得分填写在黑板右侧积分栏内。

3. 组织组间互学：教师巡视发现各小组暴露的问题，及时组织组间临时互相答疑解惑。对于小组讨论已经解决的问题，教师要及时给予肯定，必要的可以出示答案给学生校验展示成果、排除疑问。

二、正确认识小展示的作用

小展示是在大展示之前，对群学过程中产生的疑难问题的再次筛选解决。小展示过程是小组合作学习效率提高的关键一环，小展示解决的问题越多，大展示的时间就越短，需要解决的问题就越少，学习效率就会越高。经过了小展示阶段对班级大展示的充分准备，大展示的质量也会大大提高。小展示主要锻炼的是学生的自主学习能力，小展示越充分、大展示前遗留的问题越少，越说明学生的学习效率高。教师可以根据各小组小展示的不同情况灵活掌握答案的出示，教师手中的答案只起对照作用。教师要在出示答案前先期判断小组小展示完成的某些问题是不是真的会了。

另外，我们还可以在小展示之后，让小组之间相互解答疑难，这就更加充分地调动了学生的积极性，真正做到了自主学习，达到了高效课堂的标准。

问题 16：学生板书展示和口头展示如何才能做到最优结合，做到在节省时间、讲解明晰、理解容易的同时还锻炼了展示同学的能力？

毫不夸张地说，大展示是一门艺术。大展示就是一个微型的互动讲堂，每位展示者都是一位教师，不仅要将自己的观点阐述清楚，还要解答五花八门的疑问。因此，展示技巧就显得至关重要。怎样才能把板书和口头展示结合得恰到好处，让自己的展示吸引同学的注意力？怎样才能让同学们对知识点形成清晰的系统的印象？这是每位同学都应该考虑的问题。

一、板书展示提纲，口头展示内容

当针对某些答案较复杂的文科探究题进行展示的时候，板书的层次性非常重要，如果要面面俱到地进行板书，可能需要很长的时间。这就要求在小展示时梳理好答题要点，把要点以提纲的形式展示在黑板上。口头展示的时候再根据黑板上的提纲进行补充，逐条讲清，这样其他同学就能很快抓住重点，质疑对抗也有针对性。

二、板书标示重点，口头深入分析

在板书时可以采用彩色粉笔，把展示任务中的重点内容进行标注，例如关键词、关键步骤、重要公式、方程式、重要观点等，用颜色上的差别引起注意，在讲解的时候再进行深入分析，讲清思路、方法。这样有利于听展同学点评和记录。

三、板书提示难点，口头互动交流

用上面的标注法标注本组在小展示之后还没有解决的问题。也许展示时某小组对自己组分到的展示问题并没有形成完整的结论或者看法存在争议。这时在板书过程中就要把难点标注出来，口头展示时与其他同学进行互动交流，通过质疑对抗来解决。必要之处由教师进行点拨精讲。

四、板书灵活留白，口头有效补充

学生讨论得出的板书展示内容不会尽善尽美，一定会存在这样那样的问题。在质疑对抗过程中，其他同学也会对小组展示中的错误、缺漏加以纠正补充，这就要求学生在板书时在重难点处留下一定的空白，以备展示过程中增补删改，这样既保证了板书的美观，也保证了板书的清晰，同时还能让听展同学对可能出现的错误一目了然；边互动边改正，也能让学生之间的交流更深入，对夯实基础知识也有益处。

五、板书形式多样，口头结合表演

板书展示不能仅仅停留在文字展示上，也可以通过图表、漫画，甚至地图等形式进行展示。只要板书的内容符合本节讲解需要，就不必拘泥于一定的形式。口头展示也是如此，展示者要充分运用展示艺术，根据学科特点，说、学、演、唱、描绘淋漓尽致，达到既传授知识，又感染人的效果。

六、板书构图合理，口头举动合宜

无论采用何种形式进行板书，板书的设计都要以实用为最高标准，兼顾美观原则，对于字体的大小、行距的宽窄、书写时横行是否整齐平直、字迹是否工整、板书内容安排是否得当，都要进行精心的设计，板面稍显凌乱就会影响听展同学的注意力。

口头展示的要求则更细：展示者要避免"平行站位"，站位要有层次，保证每个学生都站在最佳位置；展示者准备要充分，尽量脱稿或半脱稿，展示要声音洪亮、语言规范，用语深入浅出、逻辑性强；展示的同学用手势、表情、姿态帮助其说明，增加他表达讲说的内容效果，又可作为口头语言的补充；发言的学生假如需用板书协助说明观点时，一定要侧身而立，不要挡住旁边同学的视线，且讲解时要面向同学；分工尽量回避精英展示（课改初期可鼓励精英积极展示，然后逐步影响带动其他组员主动展示），增强小组成员的参与度，为不同层次的学生尽可能提供展示的机会，满足个体需要，增强自信心，强化团队合作意识与集体意识。

问题 17：展示过程中生成较多，导致拖堂怎么办？教学进度完不成怎么办？

首先要明确一点，高效课堂虽然强调自主学习，但每节课的课堂内容和课堂容量还是由教师设定的，每堂课的知识容量究竟有多大，是与学生的认知水平和知识层次密不可分的。因此，课堂生成的多少，与本堂课的知识点难度、容量、学情都有关系。在课改初期，因展示时间长而拖堂，完不成效果校验的现象时有发生。究其原因有以下几点：

1. 导学案设计不当

首先，在设计导学案之前，教师没有对学情进行全面分析，设计的导学问题过难或者过多，无形当中增大了课堂容量，导致展示不完；其次，教师对探究问题钻研不深，没有充分考虑到问题的内涵和外延，也没有根据学情充分预设追问，对当堂可能产生的生成问题准备不够。

2. 无效生成太多

质疑对抗过程中出现了很多无效生成。有的同学总是积极地提出问题或者疑惑，但质疑问题的质量不高，或思路有偏差，或强词夺理，或语言表达能力不强、反复啰唆，甚至为出风头无理辩三分。这耽误了教师和学生的时间。

3. 教师调控课堂能力不强

教师经验不够，对课堂上学生突然提出的生成问题手足无措，或者急于回答忽视了组织学生讨论解决，或勉强回答却没有讲清，导致学生受到误导。对于无效生成，教师没有及时采取措施，致使课堂时间被白白浪费。

针对这几个问题，我们一般采取以下措施：

第一，严把备课关。我校采取集体备课制度，每一张导学案都要经过主备人一次备课、备课组二次备课、教研组长审查把关、包科领导审核签字等层层关卡才能发到学生手中。由于每个备课组都是异质搭配，由老教师为导学案把关，保证了导学案的设计适合学情、容量恰当；二次备课过程中对导学问题的深入研讨，也能使个人备课的不足得到弥补，从而避免了个人在知识上的疏漏。另外，我们的导学案还要在课前经过科任教师的个人第三次备课，进一步针对学情调整内容，保证课堂万无一失。对使用后的导学案，还要在课后反思优化，最后调整定稿上交教研室。经过反复修改，我们的导学案越来越科学，也就不会出现忽多忽少、时难时易的问题了。

第二，训练教师驾驭课堂的能力。高效课堂并不是教师放任自流的课堂，教师的点拨引导作用不能完全被消解。教师作为合作学习的首席，有义务及时点拨，把思路出现偏差的学生引向正轨，技巧性地阻止无效展示，必要时要打断无谓的争论，这些行为不是对学生自主学习的干涉，而恰恰是保证了大多数学生自主学习有序进行。但教师也要注意点拨的时机，要找到学生的"话缝"进行点拨，点拨语言要充满鼓励，多用总结性的语言，例如："老师理解了，××同学的意思是……"不着痕迹地接过学生的话茬。总的说来，面对无效生成，教师不能听之任之。

另外，一旦真的出现了意料之外但又不能回避的生成，教师也不用紧张，应该迅速做出判断，把教学重心转移到全班同学学习的疑点难点上来，重点突破这个问题，可以把其他不重要的内容留到下节课课前口头展示，或者利用自习时间由学科班长组织自学，再由教师点拨精讲完成。高效课堂是尊重学生学习行为的课堂，教师要能够做出灵活的调整。

当然，给学生一定的时间去自主学习，在开始时一定会占用较多的时间，但是只要学生形成了自主学习的习惯，他们的学习效率就会迅速提高；在学习新知识的时候用较多的时间，训练巩固时就可事半功倍，正所谓"磨刀不误砍柴工"，教学进度一般都是能够完成的。而且，我们每一学科的教师都将本学科知识点进行了筛选整合，突出教学的重点，省略细枝末节，也保证了教学进度的完成。

高效课堂的性质决定了对教师的教学能力有更高的要求，因此，学校要加强对教师业务能力的培训。我校的"推门听课制度"让很多年轻教师能够博采众长，迅速成熟；学校还启动了"青蓝工程"，师徒结对，有了老教师的言传身教，年轻教师的进步也很快。

问题 18：有的学生展示积极性很高，但讲解不清晰、表达能力差、思维没有逻辑性、语言重复、无效语言多、讲对了但是没讲透，因而浪费课堂时间怎么办？

万事开头难。已经被传统课堂束缚了九年的学生，突然让他们开口展示，做课堂的主人，短时间内他们一定会无所适从。除了很多个人素质较好的同学外，很多同学都是空有热情，不掌握方法。课堂展示质量不高，让听展的同学一头雾水，久而久之就丧失了合作学习的兴趣，也浪费了课堂时间。针对这个问题，我们摸索出了一系列课堂展示行为培训方法。

一、"孵化"制度

高一新生入学后，首先进行初步的高效课堂培训，然后由高二、高三教师在"孵化室"上展示课，高一学生以班为单位轮流听课，通过高二、高三学生的示范，迅速熟悉课堂流程和展示要求、展示语言。

二、现场培训

在平时授课过程中，教师要对展示能力不高的学生进行现场指导。从声音到站姿，到讲题如何抓住重点、跟同学互动该说什么话、讲题时怎么讲，教师可先示范一遍，让展示同学模仿着再讲一遍，直到讲清楚为止。在平时展示过程中，也要反复强调讲题的一些小窍门。暂时的放慢速度是为了提高以后的课堂效率。

另外，这种培训还可以延伸到班会课、团活课，教师设计一些问题让学生口头展示，增强学生的信心，提高学生的展示能力。

三、组长培训

学科小组长是教师的左右手，要充分发挥学科小组长的作用。教师课下给学科小组长布置帮扶任务，要求他们帮助组内展示不够规范的同学，指导他们如何讲题，为他们解答疑难，同时鼓励他们进行板前展示。可以在课上给他们分配展示任务，任务由易到难，全组同学都来帮助这些同学设计展示内容，教他们怎样展示。

四、课下培训

这里的课下培训指的是教师培训，教师可以为展示障碍最严重的几个同学"开小灶"，手把手地教他们在已经弄懂展示问题的情况下，如何按部就班地用尽量简洁的语言表达自己的看法。教师的榜样作用是无穷的，在这样的单独辅导中，教师可以多做示范，用自己的展示思路、语言风格去感染、影响学生。

五、小展延长

可以把小展示环节适当延长，根据情况调整导学案内容，减少知识的学习，突出学习方法的改进，延长学生小展示阶段备展时间，让学生充分准备后再去展示。教师要在学生备展时深入小组，及时指导，争取让展示学生胸有成竹地走到板前。初期能够成功展示的同学一定不多，教师也不用强制要求每个人都必须展示，可以"让一部分人先动起来"，进而随着能够合格展示的同学越来越多，在扩大展示范围。

六、评价倾斜

在课堂评价上向展示行为倾斜，只要学生展示时声音洪亮、肢体语言得体、语言条理清晰、与同学互动默契，即使有些小错误，教师也要大加表扬、多加分，尤其对于 C 级同学更要如此，调动学生的积极性，让他们愿意琢磨展示的技巧，相信假以时日，班级里会涌现出一批合格的"小老师"。

问题 19：其他同学展示的时候，有同学不认真聆听怎么办？

一、强调听展要求

教师进行高效科研小组培训的时候，要向小组长讲明听展要求。

1. 听展要聚精会神，手脑并用。集中精神聆听展示同学的讲解，这既是对同学的尊重，也是分享学习成果、学习他人长处、掌握知识方法的需要。在讲解的过程中，听展同学不仅要用心聆听、积极思考，还要及时地在导学案上进行笔记或标注，简要记录自己在展示中的收获，并把自己知识上的盲点和疑惑不解之处或与展示同学观点不同的地方进行标注,以备有针对性地进行质疑对抗。

2. 大展示开始之后不得做与展示无关的事。如忙于自己小组的备展不听其他小组展示,忙于做笔记忽略展示,讨论问题不听展示,甚至低头发呆、讲闲话、不参与学习等,如出现上述情况,教师可适当提醒,或者给小组扣分。

3. 听展要精神饱满,聚焦感要强。听展同学要带着积极的态度,精神饱满地聆听其他同学的展示,要面向展示同学,目光要聚集在展示同学身上,不得东张西望或看着老师。班额较大的班级,座位靠后或者坐在侧面的同学可以站起来听展或者离座走动调整到最佳听展位置。

二、做好展前聚焦

进行板前展示的同学在开始展示之前,应该采取一些方法吸引同学们的注意力,让全班同学的关注点落在自己身上,可以做一个简短的开场白,例如"亲爱的同学们,请看我们组的板书多么简洁,下面由我来为大家解读其内涵。"也可以采用提出问题的形式启发同学的思考,引导同学聆听自己的展示,或者采取一些别开生面的方式,如请老师配合出示图片、讲几句幽默诙谐的话,甚至朗诵一两句诗歌、唱一两句歌曲,只要对展示活动有用,能够有效聚焦,什么办法都是可取的。

三、合理分配任务

很多小组埋头忙着准备展示而无暇听展,一方面表现出学生学习目标偏差,即不以学会为目标,只以得分为目标的急功近利心理;另一方面也说明了学生参与课堂的积极性和认真态度不够。因此教师在分配展示任务的时候要充分考虑到小组的学情、学力,分配给各小组他们力所能及的任务,而且任务分配不要太多,指令要清楚,以能保证小组同学在规定时间内能够完成对学群学为宜。并且对于那些总是"精益求精"

的小组长，要及时提醒，要求他们掌握分寸，只要能全面地展示出本组学习效果即可，不要过分追求形式上的花样翻新，而偏离展示的本质。

四、运用评价调控

教师可以根据各组同学的听展状态进行有针对性的评分，对听展表现好的小组予以表扬，指出听展状态不好的小组存在的问题，并在分数上有所体现。

问题 20：展示过程中，学生没听懂却保持沉默不质疑、得过且过怎么办？

一、端正学生学习态度

一部分学生这样表现的原因是自身学习兴趣不高。我们的很多学生都是传统教育制度下产生的所谓"差生"，他们没有良好的学习习惯，在初中甚至小学阶段就被看作"垃圾生"而坐在教室角落不受关注。他们往往对学习有着极强的排斥感，总觉得自己不是学习的料，是学习群体之外的人，因此，即使在高效课堂中，他们也往往不愿意参与到学习之中。

正所谓"心病还须心药医"，对于这样的学生，首先要端正他们的学习态度，让他们认识到高效课堂与传统课堂的差别，明确高效课堂对学生学习的要求，让他们感到自己是小组学习中必不可少的一个成员，自己的每一个表现和每一点进步都与小组的成绩密切相关。其次，教师和组员要帮助这样的同学培养良好的学习习惯，督促他们认真自习，及时完成导学案，主动对他们进行培训。第三，教师要采取措施，提高他们对学习的兴趣。例如，追问时把个别简单问题抛给他们来回答，用学生喜闻乐见的形式设计学案、设计教学环节，比如在学案上印上活泼温馨的提示语、学法指导、励志名言；运用各种教学资源将静态的知识变得灵活等。

二、关注学生课堂反映

其实，学生是否真的懂了，从他们的表情上就能看得出来。展示同学口头展示结束后，听懂了的同学会急于发表自己的见解或者频频点头、面露微笑，那些没听懂的同学还是一脸迷惘、眉头紧皱，或者低声自言自语，教师要善于捕捉这一瞬间学生的不同反映，尤其要注意那些低声讨论或自言自语的学生。他们不提出问题可能只是因为缺乏勇气或还没组织好语言，教师这时应该及时提出要求，鼓励他们说出自己的想法。对于完全没听懂却保持沉默的学生，教师要有选择地进行追问，及时发现他们知识上的漏洞，并向他们说明：有疑不问的结果就是自己学不会，要珍惜自己提问质疑的权利，去主动获取知识，不要坐等老师讲。

三、锻炼学生发言勇气

大多数学生不质疑的原因是缺乏勇气，怕提出了"幼稚"的问题惹来同学的嘲笑，怕自己语言表达能力不强说不清楚，甚至仅仅是害怕在全班同学面前说话。这是高效课堂初期的一个普遍问题，针对这种心理，我们要有计划地对这些同学进行训练。例如，有计划地多让这些同学进行质疑，在质疑对抗阶段全组同学都要帮助他组织语言、树立信心，鼓励他说出自己的观点。无论他的观点是否正确，发言后教师要及时真诚地表示肯定，增强学生的自信；创造机会让这些同学在人前发表自己的观点，例如社团活动、课前演讲等，开始即使三言两语都可以。慢慢地，当学生克服了怯场的毛病，发言就不成问题了。

四、激励学生质疑行为

评价也是必不可少的一环，当学生们看到质疑多、质疑问题有价值的小组受到了教师的表扬，小组分数直线上升；听到教师遗憾地提到某某小组缺乏质疑，希望多多努力的时候，他们就会以教师的评价标准为转移，尽量多地提出疑问。可以说，评价激励是最有效的一种方式。

五、注重课堂即时反馈

要想真正了解学生的知识掌握情况，教师也可以进行即时反馈，就是根据展示小组刚刚展示过的知识点提出问题，根据学生对相关问题的回答判断学生是否真正掌握了，是否还有疑问。

在课改初期，学生还没有形成自觉的学习习惯，需要教师根据学生的不同特点采取对策，我们采取的各种办法目的只有一个，就是培养学生自主学习、主动探究的学习习惯，让学生不依赖教师，而是依靠自己去获取知识。因此，在课改的中后期，当学生已经形成习惯后，课堂的即时反馈就可以少进行或不进行，这样更能提高课堂效率，节省课堂时间。

问题 21：有的老师提出疑问："高效课堂就一定是热热闹闹不停交流讨论说话的课堂吗？这样的课堂上，学生的思考时间在哪里？"如何理解"动"与"静"的关系？

课堂教学中的阅读、记忆、思考、记录，是学生获取和积累知识必不可少的环节。在快节奏的高效课堂上，这些比较"静默"的课堂行为是否必要？我们认为，高效课堂的终极目标是培养学生自主学习能力，最大限度地提高学习效率，所有课堂环节都是围绕这个目标开展的。因此，并不是表面上热热闹闹的课堂就是高效的，高效课堂不排斥静默。

独学时的入境。打个不恰当的比方，高效课堂上要学生"静如处子，动如脱兔"。独学环节，学生必须依靠自己完成导学案，可以参考课本、查找工具书，但不准利用带有现成答案的教辅资料，更禁止互相抄袭。必须独立思考、独立书写，保持静默状态，聚精会神沉入学习境界，对探究问题有深入地理解和思考，形成自己独到的观点。此时的静默是积极的静默，在安静的氛围中，学生的思维在急速地运转，是"动心、动脑"的过程。

追问后的深思。很多教师在高效课堂上生怕"冷场"，似乎学生不滔滔不绝地展示、质疑、对抗，课堂就不"高效"了，因此，只要展示学生或教师抛出追问、某位同学提出质疑而一时无人回答时，教师就慌了，接着就滔滔不绝地介入到课堂当中去了。其实这是对高效课堂理念的误解。我们让学生动口、动手，实际上就是为了让他们动心、动脑、动情，只有学生的学习渴望、生命感被唤醒了，他们对知识的学习真正是自觉自发，而不是被动的，那么高效课堂就形成了，因此，教师绝不能因为短暂的"冷场"就去打消学生的积极性，让课堂霸权重新回到教师手中，而应该"让子弹飞一会儿"，让这一瞬间的静默保持一会儿。这一瞬间的静默能够激发学生迅速、深入地思考，就像雷雨之前天空堆满的乌云一样，虽然起初悄无声息，但可能会引发耀眼的火花和振聋发聩的声音。高效课堂不是追求形式上的花哨，而是要还原学习过程的本真状态，退一步讲，即使这种静默延长了，教师也就获得了学情的反馈，学生们在此处真的存在疑惑，那么教师这时或追问、或启发、或点拨，就能够起到画龙点睛的作用。

学习后的沉淀。当展示结束、疑难问题都解决之后，一定要有一个学生记忆知识点、回顾方法思路、归纳学习心得、整理导学案的过程，没有这个过程，那么之前的几个环节就失去了意义。在这段静默的时间，是学生将刚刚学到的知识进行系统化地梳理、记忆、沉淀的过程，也是由对探究问题的感性认识上升到规律掌握的理性认识的过程。有了这个过程，学生才能真正实现知识的迁移，做到举一反三，后面的效果校验才会更有实效。在此过程中，要求学生在安静的氛围中独自完成对知识的整合，把知识点真正内化为自身学科素养和道德修养的一部分。学生也可以写下自己尚未解决的问题，以便教师二次批阅时，有针对性地调整教学内容、设计导学案。

总的来说，高效课堂的"动"与"静"并不矛盾，二者是相辅相成的，只有处理好"静"与"动"之间的关系，我们的课堂才能做到张弛有度、深浅得宜。

问题 22：学生的展示欲望、参与热情不能保持很久怎么办？

对于如何长久地保持学生的展示欲望和参与热情，我们总结出一条最高标准，那就是：为了梦想而努力，为了未来而努力，为了成功而努力。

高中生的人生观、世界观、价值观早已初步形成，他们对事物都有自己的看法，对于这样一个充满朝气、充满智慧的群体，空洞的口号、单一的评价、小恩小惠式的物质刺激都是无济于事的。我们只有引导他们对自己的人生进行规划，为自己设置大大小小的人生目标，让学生意识到，今天他所做的一切都是在向着自己的目标前进，都在实现着自己的人生价值，都对自己的未来有着非凡的意义，他们才会愿意参与其中。简而言之，就是要"把生命感和价值感唤醒"。

一、短期目标与人生理想相结合

无论在学业上多么不理想的学生，只要他走进了高中校门，就说明他还有用知识改变命运的渴望；无论多么顽皮的学生，只要他还愿意进入课堂，就说明他还有想要成功的意识。很多浑浑噩噩混日子的学生，往往都由于没有目标或者目标太遥远、不切实际，当然也就很难获得目标达成的成就感，因此，我们在进行目标教育的时候，不但引导学生从自身实际出发确定适合自己的长期目标，而且还将理想与现实结合起来，把长远目标分解成阶段性的小目标，让学生周周有目标、日日有目标，这样，学生才能真正明确自己该做什么，怎样才能一步一步踏踏实实地走向自己的理想。在这些学生只要努力就能完成的阶段性目标影响下，学生的自信心和学习热情被激发了，他们会积极地完成学习任务，思考自己的发展方向，逐渐学会规划自己的人生轨迹。其实，很多学生不能真正实现自己学生时代的理想，但只要努力，就一定能获得一定意义上的成功。

二、精神激励与物质奖励相结合

课改之初，我们一般把物质奖励作为鼓励学生参与热情的一种办法，比如给积极参与自主学习的学生买学习用品、书籍、生活用品等，以此鼓励学生。但久而久之，高中学生们已经不是很看重物质奖励了，我们根据高中生思想相对成熟的特点，将奖励的重心从物质转移到精神上，设计了各种各样的奖励方式，例如评出展示之星、预习之星、交流之星等，把这些同学的照片放大装裱，悬挂在走廊的墙壁上；学期末、学年初，由校领导为品学兼优的同学颁发奖状、奖学金，为进步大的同学颁发特别进步奖；参与"春之行""夏之旅"活动，让全校师生见证他们的进步和成绩。

三、文化建设与定期强化相结合

有侧重点地进行文化建设。在小组文化建设过程中强调新课改中的优秀生不是学习成绩好的学生，而是善于思考、善于质疑、自学能力强、有创造力、能够自我提升的学生。并在学生之中树立这样的榜样，只要能够积极参与自主学习、进步大的学生无论成绩如何都是学生中的榜样，这样，学生们就会自觉向他们学习，积极参与到自主学习过程中。而且，这类文化建设要有计划地经常进行，文化建设的形式要新颖多样，例如，每月进行一次小组文化建设培训，通过修改完善组训、口号更新文化内涵，并在班级墙报和室内文化布置上表现出来。

四、个人培训与团队提升相结合

学生的展示行为需要教师进行阶段性培训，这种培训可以是针对某位同学进行课下随机指导，指出更规范的展示方法；也可以以小组为单位进行逐组培训，根据授课内容的不同和学科的不同，教师要组织学生设计更适合知识获取的展示方式，例如设置主展组、辅展组，多人配合展示、循环评价、重点评价等。并且将这些展示方式贯穿在培训之中，让学生掌握自主学习方法的关键，体验到高效课堂的自由和获取知识的轻松。

五、活动形式与活动内涵相结合

实际上，课堂活动只是高效课堂的载体，学生通过这些活动体验自主获取知识的快乐，掌握自主学习的方法，习得知识和方法，提高能力。因此，我们不能为活动而活动，徒具形式的活动会使学生在短暂的新鲜感过后失去兴趣，我们要把课堂活动做出实效，为课堂活动赋予深厚的内涵。例如，自主预习要严格要求学生在安静状态下沉潜自己，只利用教材、工具书和教师指定的或教师给出的参考资料独立预习，筛选知识点、找出疑难点；课堂上的对学、群学就是进一步解决问题、卸载疑难的过程，教师要给出明确的研讨指令和范围，要求学生不流于形式，不要单纯对照答案，而是直接互相提出疑难、研讨疑难、解答疑难、汇总疑难，可以用任何形式研讨，可以组间讨论，以最大限度地解决问题为最高标准；大展示则要求学生淡化讲解、注重质疑对抗，鼓励生成。只有让学生明白每个环节的作用和实效，学生才能乐此不疲地参与到自主学习之中。

问题 23：经过了课上效果校验，发现有的学生仍然不会怎么办？

造成这种现象的原因很多，例如导学案设计过难，一些基础较差的同学难以掌握；或者导学案设计层次性不强，对一部分同学不适合；预习时个别同学敷衍了事，学习不深入，根本不知道自己的知识漏洞在哪里；对学群学没有落到实处，一些同学的疑难问题没有真正得到解决；大展示阶段的质疑对抗没有真正开展起来，一些同学有疑问但没有提出来。但无论什么原因造成课堂效果不理想，除了及时归纳失误进行改正之外，就是及时采取措施，弥补知识漏洞。一般我们采取以下措施：

首先，及时进行二次批阅。在设计学案时，在效果校验之后设置一个"我的困惑"栏，让学生在课后梳理出课后自己还存在哪些困惑，教师要将已经经过展示的导学案再收上来，进行二次批阅。二次批阅的重点就是评价学生课上学习状态和学习效果，例如学生课上是否认真思考、认真笔记，检查双色笔的使用情况、笔记是否有缺漏等，同时通过学生在导学案上留下的学习痕迹和"我的困惑"栏内容判断、汇总学生尚未解决的疑难。

其次，个别问题互助解决。如果只在少数几个同学之中存在疑难，而这些疑难没有代表性，只是个别问题，教师可以采取"兵教兵"的方式，请几位小组长在课下灵活选择时间对这几位同学"单独训练"。教师可以根据实际情况临时设计几个问题下发给小组长作为培训资料，也可以放手让几位小组长用他们的方式去讲解，并用习题形式反馈培训结果上交给教师。由于不是每堂课都会出现这样的情况，小组长的工作量不会增加多少，也不会延缓大多数同学的学习进程。同时也有助于小组长在以后的课堂上更加关注基础较差的同学，尽量在课上解决他们的问题，这种现象就会越来越少。当然，也可以让这些同学主动去请教已经学会了的同学，扩大交流范围，也不失为推动合作学习的一个方法。

再次，共性问题训练解决。如果多数同学都存在疑问，教师要针对疑难设计一课时训练导学案下发给学生，在下一课时进行巩固性训练，让学生在训练过程中回顾知识点、查漏补缺，对掌握不熟练的思路和方法反复强化。

最后，加强对课堂环节的把握指导。加强导学案批阅和高效科研小组的建设，端正学习态度，规范学习行为，激发学习兴趣，进而最大限度地提高课堂效率。

问题 24：效果校验走过场、无实效，或者当堂完不成，造成滞后怎么办？

"效果校验"是"1＋3"课堂的重要环节。它通过精选习题，巩固基础知识，强化重点难点，培训灵活运用所学知识的技能，真正实现知识的达标和能力的转化，是巩固、拓展、深化知识的重要阶段。

效果校验走过场甚至滞后的原因不外乎以下三种：第一，教师认识不到位。这部分教师认为效果校验和课后习题区别不大，没有认识到把当堂的效果校验转移到课外就反映了这节课的不成功，就没有体现课堂的高效。第二，教师备课不到位。教师的导学案编写可能存在问题，直接影响学生的预习效果。教师的课堂预设不细，学生的突然生成让老师措手不及，耽误课堂时间。第三，教师评价不到位。学生预习、展示的过程中，教师的评价没有跟上，没能调动学生的学习积极性，课堂气氛沉闷。一旦出现效果校验的无效或者滞后，我们教师就要反思，然后加以改进。我们在实践中总结了以下几点可以落实效果校验的经验。

一、建构训练 巩固强化

随着教学理念的更新，教学手段日趋多元化，课堂高效教学要求建构质量高、数量精、层次分明、难易适度、形式多样的效果校验环节，以巩固基础知识，强化重难点，真正实现课堂的高质量、高效率、高效益。

（一）围绕目标 题型多样

效果校验要围绕教学目标，符合学情。不要一味采用填空选择题，它的形式一般有口头、书面、实作三种。"口头"是指用简明扼要规范的语言回答问题；"书面"是指用书面形式，做填空题、改错题、选择题、判断题、简答题等，从而规范书写和解题步骤；"实作"是指做实际操作的实践、试验或做有关表演，让学生体验、感受，从而透过现象总结、归纳出事物的本质和规律。教师可根据不同学科、不同授课内容自行选择编制，最好不要照抄照搬习题集，可以在现有习题的基础上进行变式。

（二）巩固基础 强化"五性"

"科学性强"：是指效果校验试题要注重基础，注重所学知识在社会生活中的体现，注重学科术语表述的规范性，注重分析问题解决问题能力的培养，统筹设计、反复筛选，尽量做到层次分明、题少而精、力避重复。

"目的性强"：围绕教学目标，紧扣教学环节，体现教学程序，突出重难点、易错点、易混点、遗漏点。

"针对性强"：从试题解答到思路分析，再到考点对接，环环相扣，体现高考导向。

"实用性强"：效果校验题要形式多样、方便灵活、答案简洁，既考查了知识，又适用于课堂，实用性强。

"功能性强"：题型新颖，题少量精，难易适度，既有利于减负提能，又能巩固知识、发展能力、提高创新、强化重难点，使教学轻松愉快。

二、达标拓展 注重实效

效果校验的设计，要根据学生的不同层次，设计难度各异的问题，对新知识进行重组升华，培训学生灵活运用所学知识的技能，举一反三，触类旁通，实现知识能力的拓展延伸。对于学生认知知识的检测，在每一个知识点的讲授过程中可以及时地、适时地进行检测。每节课最后的效果校验环节必须当堂完成，不要拖到课外或是下一次课进行。

（一）分层达标

设计要关注到每一个学生的实际需要，切实为学生的发展服务，因人定标，因材施教，让每个学生都得到最优发展。建构主义理论认为教学过程是一个异步的发散式的思维过程，不同的学生沿着不同的学习路径却能够建构出相同的结果。效果校验设计，必须考虑学生原有知识和经验，针对不同层次的学生安排其完成相应层次的问题，以达到他们建构知识的目的。要设置三种试题：基础题、选做题、超额加分题。学生可以根据自己的实际水平，选做不同层次的效果校验题，并予以加分鼓励，以此来激发学生的兴趣。学生效果校验的分层不是给学生贴标签、下结论，而是适度地根据学生的现状，帮他搭架子、分梯度，使学生在自主学习过程中效益最大化。分层作业还要从学生本身智能特征出发，设计绿色评语，以个性化的评价对不同学生予以激励，促进学生的个性成长，以及创新能力的生成。

总之，效果校验是检验课堂教学效果的重要环节。必须围绕教学目标精选具有多种形式、层次分明、巩固基础、拓展延伸功能的训练题，并通过层次性的训练、评价，才能真正创建高质量、高效率、高效益的高效课堂。

（二）注重时效，适当拓展

效果校验要注重时效，教师要每节课给学生留够一定的效果校验时间，并要让学生及时反馈校验情况，掌握学情，有效地减轻学生的课外负担。如果出现预料之外的生成导致大展示时间延长，教师就要果断地舍弃某些未完成的问题，只针对课上完成的重难点进行检测，探究可以挪到下节课继续，但校验必须当堂完成，做到堂堂清。

效果校验的内容要做好适当的拓展延伸，为学生的发展提供一个平台。对于拓展延伸的内容教师要把握住难度，至于拓展什么、延伸什么，应该尽量和现实、生活相联系，从学生感兴趣的角度出发。

问题 25：如何处理教学模式的相对统一与各学科不同特点之间的矛盾？

高效课堂不是用教条的模式去限制教学，而是用更为灵活的方式提高课堂的效率，因此，我们倡导高效课堂就不能唯模式，而是要根据各学科的不同特点创建具有学科特色的高效课堂模式，让高效课堂与各学科知识有机地联系在一起。

一、"1＋3"基本模式的特色变式

任何科学方法都不是僵化的，铁力二中课改之初就针对不同学科的特点，制订了两套高效课堂方案。语文、数学、外语、物理、化学五科属于知识点较多、难度较大的科目，应实行课前预习、批阅导学案，课上研讨、展示、校验的"1＋3"课堂基本模式；而政治、历史、地理、生物四科课时较少、难度相对较小、知识量不大，就采取课上预习、分段讨论展示，课后批阅导学案的"段段清"模式，这样减少了学生预习的压力，也避免了时间的浪费。

另外，政治、历史、地理、生物四科经过分科大教研，又创造出了"预习——训练"课型，就是将一单元或一章节的基础知识进行整合，汇总在一张导学案上，教师组织全体同学上一节专门的"预习指导课"，学生们在预习课上通过独学、对学、群学、疑难展示四个环节梳理本章节的基础知识，在导学案上做好笔记，形成知识脉络。在下一节课上，教

师配发一张针对本章节知识点编制的训练案，对预习课上学生梳理的知识点进行巩固和运用。有些较难的知识，教师的训练课可能会增加，甚至有 3—5 课时的训练，务必让学生透彻掌握知识。后来，在复习课的设计上，其他科目也不同程度地借鉴了这种做法，这样做到了知识的整合，学生独学时间增加了，基础更加扎实了。

二、百花齐放的学科特色课堂

各学科根据知识分布、学习方法特征上的差异，在基本模式的基础上，细化课堂环节，根据本学科的特点，创造出了很多独具特色的课型。例如，英语教研组的课前疯狂单词热身活动，理化生教研组的特色实验课，语文教研组的诗歌鉴赏课、文言文赏析课、阅读课、作文课等七种课型。各学科根据自身的特点，对"1＋3"课堂的每个环节都进行了研究，都对其中某一环节进行了压缩、延长、放大、变形。文科课程一般都延长了独学和小展示的时间，并为独学阶段添加了丰富多彩的学习活动，例如激情朗读、圈点批注等。因为文科课程一般识记性的知识居多，突出独学和小展示能够尽量多地筛选疑难问题，减轻大展示的压力，压缩大展示时间，提高课堂效率。理科课程一般都突出了大展示环节，展示形式多种多样，例如一题多变、一题多解式的群体板书，不限制某一小组一定做哪道题，采取一组解题其他五组改的形式，展示时学生有质疑或发现问题可以随意走到板前改正板书，突出学生之间的质疑对抗。除此之外，理化生组还在大展示阶段强调实验的演示和纠正，从而提高学生动手、动脑的能力。

另外，校领导还根据各科新授课、习题课、反馈课、高三复习课的不同要求，制订了相应的不同课型环节和时间、操作方法的具体要求，让"1＋3"课堂更加科学灵活、内涵丰富。

问题 26：课堂评价细化以后显得烦琐，占用过多课堂时间怎么办？

随着课堂教学改革进程的推进，课堂评价越来越深入细致，例如评价导学案，评价独学、对学、群学，评价板书、展示，评价质疑对抗，甚至评价参与度、自律程度等等。很多教师在运用这些评价时往往会顾此失彼，疲于评价。一堂课下来，评价占去了 10 分钟时间，造成了拖堂或校验滞后的结果。课堂评价虽然重要，但不能喧宾夺主。如果课堂评价掌握不好，会占用大量的有用时间。课堂评价过于烦琐主要有以下几个原因。

一、评价形式单一僵化

很多学校虽然课堂放手了，但评价没有放手，依然由教师主导评价，评价的方式也是单一的打分式。这样，教师的任务量骤然加大，一边要组织学习、一边要掌握学情、一边要倾听展示、构思追问、口头评价，一边还要回到板前逐组加分，往往是来回奔走、丢三落四，更浪费了课堂时间。

对策：采用"循环顶真式"评价。大展示环节的评价权交给学生，主展同学为其他小组质疑对抗、补充加分，后一组同学为前一组评价打分，分数直接写在黑板的指定位置，教师可以对个别不恰当的打分予以点评；大展示之后各小组统计自己的展示得分，教师统一写在评价栏上，或者直接记录在日评价本上。效果校验可由教师评价，也可由教师出示答案，小组长评价打分或者学生自评，小组长统计分数。

二、评价语言重复啰唆

教师语言不简洁，学生语言套话多。很多教师组织评价时反复强调评价的各个标准，询问学生应该给几分，为什么等等，在教师与学生为了给几分而纠结时，时间就浪费掉了。而"循环顶真式"评价环节中，很多同学不会评价，从展示组的板书、姿态、声音、互动说起，总是围绕着展示的表面不厌其烦地评价，不深入而且语言啰唆。

对策：教师评价语言要做到简洁、丰富。三言两语交代清楚评价的主要原因，例如"三组同学遗留的疑难最少，说明自学效率高，多加一分"，一锤定音。并且教师要善于运用多种多样的评价语言，例如"真严谨啊！""精彩的演说啊！""注意条理更好！"等等，一语中的，评出优缺点，同时为了激发学生的学习热情，还可以多运用肢体语言，比如点头微笑、带头鼓掌、肯定的目光、兴奋的手势等，用自己的真诚去鼓励去感染学生。

学生评价时，要求学生不要漫无边际地评价，指出最大的优缺点即可，而且评价要深入，要多评思路方法、少评展示行为，减少"板书工整、大方得体、声音洪亮"等套话，大家都一目了然的地方完全可以略过不评，应评值得学习、值得反思的地方。

三、评价标准面面俱到

很多课堂评价时间长还因为评价太细、面面俱到，对每个小环节都进行评价，就算评价语言已经很简洁了也占用了很长时间。

对策：根据不同情况进行重点评价。评价不是一种简单的形式，评价是一种导向，用来引导学生融入自主学习，养成良好习惯。因此教师可以根据实际需要突出某一环节或者某一标准，淡化或者省略其他环节的评价。例如，对于高一新生来说，重要的是让他们熟悉课堂流程，因此，对于课堂行为的评价就要大于对知识深度的评价。而对于高三学生而言，他们即将面临高考，课堂评价就要强化对学群学小展示的有效性、大展示的深度和思路方法的正确性，淡化行为评价。而根据不同班级的情况，教师也可以在某一阶段突出强调某一方面的评价，例如某一班级气氛沉闷，就强化质疑对抗的评价，弱化展示讲解的评价；某一班级过于活跃，就可以强化独学和导学案整理的评价，弱化展示评价。

　　总的来说，评价是教师手中的一个杠杆，我们要用评价来平衡课堂效果、锻炼学生能力，只有创造性地把握住评价这个工具，才能真正调动学生的积极性，为高效课堂注入活力。

附件：课堂流程研讨课题示例

搞好预习的几点做法

——浅谈如何搞好课前预习

　　铁力二中进行课改，构建了符合学校实际情况的"1＋3"课堂教学模式，这对于提高我校的教育教学质量具有十分重要的意义。一年来的尝试，我们已经在各环节操作上摸索出了一些好做法，然而，让教师们深感欠缺的就是预习环节往往会出现毛病。由于学生预习不到位，在课堂的展示提升环节上往往会出现进行不下去的现象，这令教师们十分头疼，所以如何搞好课前预习就成为摆在教师面前的一个重大课题。在一年来的课改实践中，就如何搞好课前预习这个环节，我进行了一些探索，下面仅就我个人的教学实践做如下陈述，如有不当之处，请同行们批评指正。

　　一、提高学生思想认识，让每名学生都做到把搞好课前预习当作自己的首要任务

　　传统的教学模式在学生脑海中已经根深蒂固，想改变学生在小学、初中已形成的学习习惯很难。这些学生，从小学到初中，接受的教学方式是"填鸭式"，只要是在课堂中认真听，认真记就行了，不需要课前自己看、自己学。而新的教学模式——"1＋3"课堂教学模式恰恰与其相反，它不仅需要学生在课堂上表现活跃，而且更需要学生在课前提前介入，提前了解下节课要学的内容，做到心中有数。可多数学生只是按照老师设计的导学案，蜻蜓点水式地敷衍一下，甚至连书也不看，就拿起其他同学的导学案抄袭，这样做的结果只有一个，就是课堂上听不懂别人讲什么，不会补充阐述，也不能提出自己存在的疑难问题，糊里糊涂地上完一节课，最后自己什么也没能真正学会。之所以存在这些问题，原因很多，主要的原因是学生没有真正意识到预习的重要性。为了改变这种现状，我对学生进行了细致的思想教育，让学生明白搞好预习十分重要。我先从"1＋3"课堂教学模式讲起，让学生懂得各环节之间的必然联系，最终让学生懂得预习是其他环节的基础，搞不好预习，其他的环节就是零的道理。通过我的细致讲解，学生改变了以前的做法，知道预习了，并且在预习中不会的也有人问老师了，这在以前是没有过的。可见，加强学生的思想教育，让学生脑中灌满预习十分重要的认识，让每一名学生都把搞好预习当作自己的首要任务，这是十分必要的，我们千万不能忽略这一点。

二、教给学生预习的良好方法，让学生快速有效地搞好预习

学生意识到了预习的重要性，这只是为搞好预习打下了一个思想基础。事实上，有不少学生，因为一天所学的科目较多，科科都要预习，每科都要花费很多时间，往往是忙得不可开交，时间一长，干脆又有了应付的思想，预习时又开始糊弄了。为了避免这种情况的发生，我在学生预习时，教给他们一些预习的好方法，这样既能节省时间，又能收到良好的效果，下面，仅就语文学科预习中的一些方法，做简要说明。

1. 快速读文梳理法。让学生快速读文，梳理文章的结构，弄清作者写作思路，这样，学生就很快掌握了文章大意，为处理导学案的习题找到了依据。

2. 查阅工具书或相关资料法。在快速读文过程中，遇到了一些字、词等知识，马上查阅工具书，把相关知识点记到书中相应位置。遇到了作者简介、背景材料等知识，可以查阅手中的相关资料，把应识记的知识点写到书上或导学案上。这样一来，学生在长时间的预习中就养成了好习惯，扩大了积累量，同时能激发学生的预习兴趣。

3. 重点突破法。文章读完了，大概内容也了解了，接下来学生就可以结合导学案上的习题，到文章中进行重点突破。在解决这些问题时，不一定要把答案写到导学案上，可以写到书上，等到上课时，摘取要点进行补充。

4. 合作探究法。有的学生思考能力差，基础也差，对有些问题解决起来有一定的难度，这时就让学生与其他同学合作，在互相帮助下完成预习，避免出现一部分学生自己不会，干脆将问题束之高阁的现象。

5. 由浅入深法。有些学生基础差，开始先让他们做一些简单的习题，完成基础性的内容预习，对一些有难度的习题，可让他们试着思考，实在思考不出来的，就可以在导学案上做出标记，等上课时通过其他方法完成。随着时间的推移，教师就鼓励这些学生力争完成较有难度的习题，这时教师不只是鼓励，而是要找学生进行必要的点拨。

6. 自我出题法。在预习过程中，学生可根据自己预习的程度适当编写自己认为应知应会的习题，这样既便于学生补充导学案的缺漏，又可以留待课堂中补充质疑，达到完全理解的程度。

以上这些方法，是我在语文教学中摸索出来的一些方法，对于其他的学科也同样实用。但是，预习的方法多种多样，我们一定要帮助学生找到适合自己的预习方法，这样不但可以让学生预习速度加快，而且还会让学生收获效益。

三、深入学生预习中进行指导，加大预习的检查力度

教师下发导学案后，心中已经知道所教学生预习时在哪些地方会出现"卡壳"现象，因此，教师要帮助学生解决这些问题。我的具体做法是，对学科代表及优等生进行专门指导（最好是每个小组都有代表），让这些学生抽时间给其他同学解疑；教师也可抽出时间深入班级，对多数同学存在的共性问题进行指导，否则"卡壳"现象出现多了，又没有人帮助消除，时间一长，学生就会失去兴趣了，预习的效果也会大打折扣。

在课前或课堂前几分钟，教师一定要检查学生的预习情况，对预习好的同学进行表扬；对预习不好的同学要了解情况，进行督促，让学生意识到不认真预习是绝对不行的。这样，学生在思想动力和约束力的支配下，一定能积极投入到预习中来。

"1＋3"课堂教学模式已经明确了预习的重要性，但如何操作好预习环节是要下一番功夫的。我在语文教学中进行了积极的尝试，收到了良好的效果，今后，我还要不断探索，更加努力实践，争取摸索出更加有效的预习方法，让预习真正发挥它的基础作用。

（彭金宝）

课堂展示提升环节如何激发学生质疑与生成

在"1＋3"课堂教学模式中，展示提升环节在整个课堂中占用的时间是最长的，也是课堂中最精彩的部分。而在这个过程中，学生的质疑和生成就会使课堂内容更加丰富、师生间互动更加激烈。在学生展示过程中，其他同学的质疑与生成直接影响着课堂是否精彩。而如果只是单

调地展示、讲解，学生对于知识的理解不会特别的透彻，也不会在课堂中碰撞出火花。首先，我先谈几种展示过程中存在的现象。

现象一："课堂与我无关，我根本不想去思考问题"。这是一些"干坐生"存在的问题，他们往往不会参与到课堂各环节中，更谈不上去质疑和生成一些新的知识。

现象二："我都没太听懂，更别提质疑了"。一些基础差的同学会存在这种问题，因为对知识掌握得不透，对于展示同学所讲的内容听得也是一知半解，自己这块还没忙活完，根本来不及去提出质疑。

现象三："我可不好意思当着全班同学的面站起来讲出自己的看法，万一说错了就太丢人了"。虽然"1＋3"课堂教学模式让学生在展示过程中变得更加勇敢了，可还是有一些内向、害羞的同学不愿意表达自己的看法。

对于以上这些问题，我想了一些办法去改善。

一、站起来

想让学生在展示提升环节中更好的质疑和生成，应该先鼓励他"站起来"。记得在一次课堂上，有一个同学的板演有一处很明显的错误，在这个小组展示同学讲解的过程中，已经有很多同学举起了手，想指出这个问题，这时我发现有一位比较内向的同学在和他旁边的同学说着什么，而且手还指着黑板的方向，我知道他一定也发现了那个错误。所以，在展示同学展示后，我把这位同学叫了起来，问他发现了什么，他害羞了一下，然后指出了那个问题。然后我给这个小组加了一分，鼓励他说："观察得很仔细，但是如果下次能主动地站起来说，我会给你加两分。"这位同学坐下后，同组的同学因为他得的这一分很开心，利用这种方式可以更好地鼓励他以后进行质疑，也让他更加的自信。

二、反问式质疑

对于一些不愿质疑或不会质疑的同学，我会以反问的方式帮他们质疑。有一次，一个小组展示了一道难度较大的题，我特意在展示后叫了一位平时不爱参与的同学，问他是否听懂了，我心里知道他一定没太听明白，但他说懂了，我说："那你给大家再讲一遍吧，有的同学还没太听懂。"他不吱声了，我说："其实你没太听懂，那为什么不向展示的同学提出你的质疑呢？"刚说完，他就向展示的同学提出了自己的困惑，展示同学又耐心地给大家讲解了一遍，最后我给这位同学加了一分，我说："今天我奖励你提出的问题一分，下次如果你再被我问住，我就给你扣分。"通过这种方式先强迫让学生去质疑，慢慢地，他们就会形成习惯，学会质疑和生成，由被动变成主动。

三、教他们生成

对于学生来说，质疑较容易，可生成却有些难度，由于对题目的理解并不是很透彻，所以无法及时地生成一些其他的知识和解题方法，所以在初期时间我会先教学生怎样生成。比如："这个题有没有其他解法？""如果我把这个条件改成另外一个，结果是什么？""这两个知识点之间有什么区别和联系吗？"等等，长时间地使用这种方式，可以让学生掌握生成的套路，可以有浅入深地生成一些东西。

（张　玲）

高三"自助餐"式展示课堂的实践与思考

铁力二中"1＋3"课堂教学模式在七年多的实践中，现在已经进入了深水区。正如课改专家陈立所说，我们学校的课改已经进入了 3.0 时代。目前，如何将课上得高效，达到教即是学、学即是教那浑然一体的效果，是我们下一步所追求的目标。我们这届高三组在遵循"1＋3"和充分吃透课改理念的前提下率先实了"自助餐"式展示模式，大大提升了课堂的复习效率。以下，我想就三方面谈谈这半年来实践的感悟。

一、什么是"自助餐"式展示

"自助餐"课堂模式的关键是：以"多人同时讲，各取所需听"代替过去的"一人讲，全班听"，消除了"单一讲"的弊病，真正地提高了课堂效率。

1. 理论依据

（1）素质教育要求我们转变学生被动的学习状态，使学生在彰显主体性、能动性、独立性前提下将学习变成其不断生成、发展、提升的过程。

（2）学生是学习的主体，突出学生的主体地位才能培养学生的批判精神和创新意识。

（3）课堂教学的着眼点，是创造让学生能积极主动参与到学习活动中来的情境，形成"多维互动"的教学氛围，从而使学生的潜能得到相应的发挥。

2. "自助餐"展示环节的具体操作流程

（1）课前准备

提前完成导学案或复习题；要求导学案的完成必须是独立的，不允许讨论。因为学习需要有一个独立思考的过程，不能让学生养成依赖别人的习惯。

提前把问题分到小组通过科代表提前分配问题，把所有问题平均分给各个小组，一个组可以分到1－2个问题，也可把较难的题同时分给几个组，让他们同时讲。课前，教师发挥小组长的作用，对要讲题的学生进行培训。可以说这个过程秉承了"1＋3"的优良传统。

（2）课堂实施

①"备餐"5分钟。小组长召集本组成员展开组内研讨，对本组承

担的问题进行认真的分析思考，探究可能出现的不同解法，及该题的拓展延伸。组内不能解决的问题，可以到组外求助，也可以找教师解决。这相当于原来的集体研讨环节。

②"自助餐"开始各小组分别派一位同学，或教师依据不同学生情况在课前给一些学生分好任务，这些学生在不同的小黑板前，同时讲解着不同的问题。其余的学生都是听众，到对应的地方，听自己需要听的问题。每个小组成员都要轮换值班展示 5 分钟，然后变成听众。

与此同时，教师在课堂上巡视，解决一些学生有争议的问题，及时纠正一些不正确或者不准确的表述。要求学生每个题不论多么简单，哪怕只有一个人来问，都要耐心解答。要求每个组自始至终都要有人值班，保证随时都可以解答问题。所有问题都解决后，学生可以回到自己的座位上，做自己需要做的事情或教师安排的其他任务。

③"美食"共享经过一番的思考和讨论之后，如果个别问题仍未得到解决，可以由教师或学生到讲台上去，解答大家共同的疑难问题，澄清似是而非的认识。这个环节应根据实际情况调整，可长可短，可有可无。这一环节也是集中展示的过程。

（3）课后反馈

课后，科代表收齐订正后的导学案，教师再次批改导学案，把遗留的问题和需要加深拓展的内容，由科代表再分配到下一节课的若干小组继续研究，以保证全班同学都能学好。

二、"自助餐"式展示的优势

1. 真正的高效率大容量

熙熙攘攘的高三教室，每个学生不须在已经懂的地方停留，而把有限的时间全部用在不会的问题上。这样，几乎所有的问题，都可以得到快速的解决。

原来用于一道题的时间，现在同时六七块黑板、六七道类型题一起进行，极大地拓宽了知识展示面，使得按需所取的学生学得更好、效率更高。

2. 已经不是传统的"讲"

这种新教学模式，学生的"讲"与教师的"讲"完全不同，没有高高在上的讲台，没有一贯正确的权威。这种"讲"已经不同于传统意义的"讲"了，已经模糊了"讲"与"听"的界限。一个问题不可能完整地讲下去，会不时地被打断、被质疑、被否定，在一种平等的讨论、争论甚至是争吵之中，大家对问题的理解越来越深入。最后，学生不但找到了正确的答案，同时也知道了错误的原因，顺便也了解到许多不同的思路和方法。听"讲"同学的问题得到解决，"讲"的同学对问题的理解也更加深刻。

然而，这种"讲"最有意义的地方，并不是问题的解决，不是错误的订正，不是得到了多种解法，不是问题得以拓展延伸，而是在此过程中学生"质疑"能力的提高！

三、几点问题和反思

1. 学生不去问怎么办

这类学生，一般来说学习主动性不强，大多得牵着鼻子走。高三了，在学生考学目标的促动下，这一情况虽得以改善，但仍需完善。最朴实的初衷，让每个人有事可做，带着任务去问去学，则能起到一定的效果。如，每节课换不同的学生展示，而不仅仅是目标生展示；一节课分不同的程度和任务，因材施惠，或因（学）情布（单）词，让每个人都有事可做。但实践中仍有一些学生自身能力或控制力差，无法全身心参与到"自助餐"展示和高效课堂中来，需我们一起努力分析、找原因，并想办法处理。

2. 学生讲错怎么办

多年来，我们一直在剥夺学生出错的权利！但别忘了，有了错误的解法，正确的也就不远了。错解也是一种解法，此题中是一种错解，对其他题可能就是一种正解，所以，错解也是一种收获。得到正解是目标，经历错解的过程，也是一种难得的体验。从培养分析推理能力的角度来说，正解和错解的过程，没有什么区别。

实际上，解题的过程大都是从错解开始的，一一排除那些错误的解法，最终找到正确的思路，是一种正常的思维过程。传统教学中，为了提高教学效率，我们往往是引导学生，避开那些陷阱，绕过障碍，直奔正确解法而去。问题顺利得到解决，学生佩服，教师满意。然而，学生却失去了错的探索、错的经历、错的收获，失去了寻找正解的能力。

3. 怎样兼顾深度

深度是相对的，每个学生的基础和能力不同，对深度的要求也不同。类似"自助餐"的新课堂模式，恰好可以满足学生不同层次的需求，能者多劳，按需分配。学生可以把所有的时间都用在自己需要解决的问题上，这样他就可以很从容地去思考、去分析，对问题的理解自然也就逐渐深入。

对于各种高效课堂的模式，我们还在探索和深入研究并实践。总之，一节好课是师生共同享受的课，是学生吃饱吃好学得开心学得扎实的课。一节高效的课更是能让学习效果升华，让有限时间内实现知识空间无限扩展的课。我们都在前进着、探索着，并尽全力使我们的课改之花绽放得更加绚烂。

（吴　丹）

强化反思能力　创高中物理高效课堂

我国著名科学家华罗庚先生曾指出："学习有两个过程，一个是'从薄到厚'，一个是'从厚到薄'。"以物理学科为例，从薄到厚指的是物理知识的逐步积淀，而从厚到薄则是学习能力的逐步提升。在知识的积累向能力提升这一转化中，反思有着非常重要的作用。反思是一种良好的学习习惯，是学与思的结合。孔子说："学而不思则罔，思而不学则殆。"思之则活，思活则深，思深则透，思透则明，思明则新，思新则进。只有学而思，才能将知识转化为能力。因此，中学阶段培养学生的反思能力，是提高学生成绩和能力的重要举措。

在物理教学中，教师应把学生主体反思能力的培养放在一个重要的位置。通过反思，学生能增强学习物理的兴趣，进而发现物理学科的"美"。下面，我从三个方面来阐述如何在物理教学过程中培养学生主体反思能力，提高学生的学科能力。

一、增强学生反思学习的心理意愿

反思心理意愿指学生在学习活动中有反思的计划与准备，包括对反思的价值有正确的认识、有自觉的反思欲望等。增强学生反思学习的心理意愿是培养学生反思学习能力的第一步。首先，要让学生明白反思学习的重要性。教师可以通过班会、物理讲座等形式，使学生明白反思学习的定义、分类、内涵、意义等，告诉他们反思能促进思考、引导思维、增强学习动机、提高学习效果；也可在物理教学的实践中让学生懂得反思的意义。第二，反思过程中学生必须明确要做的事情。教师应要求学生在这一过程中制订好反思计划、反思目标，并做好记录。此外，要让学生着重反思每个知识点从未知到已知的情感过程，真正做到让学生通过自己的反思来提高物理的学习能力。在教学中，教师可从课堂的实际出发，让学生多思考几个为什么，并在思维的拐点处通过提出逐渐深入有价值的问题来引导学生反思。

例：一物体做匀加速直线运动，初速度为 $0.5\ \mathrm{m/s}$，第 $7\ \mathrm{s}$ 内的位移比第 5 s 内的位移多 4 m，求物体的加速度。

学生一般会采用如下方法求解：

第 7 s 的位移为 $v_1 = v_6 t + \frac{1}{2} at^2$ ①

第 5 s 的位移为 $v_2 = v_4 t + \frac{1}{2} at^2$ ②

$\triangle x = 4$ ③

由①②③式联立解得：$a = 2$ m²/s。

当教师介绍另一种方法（遇到相等时间内位移的条件时，使用推论比较简单，直接可得出 $a = \frac{s_7 - s_5}{2t^2} = 2$ m/s²），学生体会到所学方法的优点后，就会产生愉快的体验，激发了他们使用这一方法的热情，他们会自发地进行反思、总结，逐步吸收所学的知识，提高课堂效率。

二、将反思的习惯深入到学生学习生活中去

在学习过程中，学生的主观意识往往占主导地位，而适当的反思可以让学生自我调节。反思的程度和力度，能反映自主学习能力、自主调节能力的强弱，从而达到提升学生主体意识的作用。当反思从在教师的指导下进行，到变成学生自主反思的一种自然习惯之后，就可以自觉地在物理学习中的各个环节进行反思、提高。但反思习惯的形成是一个长期的过程，在这个过程中，教师的指导、帮助、促进是必需的。我结合实际经验总结了以下三点：首先要第一时间把知识点吃透。同时要求学生在第一遍学习之后按步骤进行自主完善、自主批判、自主总结、归纳方法、回顾探究、深化延拓这些反思环节。其次，要深入挖掘每一道题的价值。如在《动能和动能定理》一课中有这么一道题目：物体从高出地面 H 处自由落下，落至地面陷入沙坑 h 后停止，求物体在沙坑中受到

的阻力是重力的多少倍？投影三种解法，并总结。（1）动能定理与牛顿运动定律解题比较。（2）动能定理解题方法步骤（三步走）。对这类题进行反思之后让学生进行自我总结。

然后通过对常见错误进行总结和反思。比如为什么会出现错误的思路？能不能避开这些错误思路？这样反思总结原因，找到问题的症结，再认真对比多种做题思路，让自我意识渗透到做题过程中，并总结归纳，就能让每次经历逐步内化成习惯。再者要认真做好做题后分析。每次做练习之后，学生都应围绕知识点、解题思路、常见题型以及自身思维中常有的误区进行反思，找出自己存在的问题。

三、指导学生建立错题本

建立错题本是反思活动的重要组成部分之一。它是一种能够提高学习效率、提升学习质量、夯实学习基础、创造优秀成绩的重要手段，同时对学生强化反思能力有着积极的作用。然而很多同学并没有引起重视，其实，是对"错题本"理解有误区。"错题本"上不一定只是"错题"，它应该包括"错题""容易出错题""难点题""典型题"等，应该是对知识的梳理，是重点尤其是难点、精点的集合，是系统学习基础上的重点解析，使得学习重点更突出、复习更具针对性、学习更有高效性。

综上所述，教师只有在学习中不断反思，才能将中学物理知识融会贯通，逐步内化，让反思激活学生的智慧，促进中学物理高效课堂的创建。

（李洪昌）

关于"聚焦度"的几点反思

反思一：关注课堂聚焦度的必要性

无论是传统教学还是"1+3"课堂教学模式，我们的目标都是尽量让更多的学生从被动到主动，从学会到会学，从而有效提高课堂学习效率。实现这个目标的方法有很多，但提高课堂学生聚焦度是重要方法之一。它有以下几个作用：

1. 有利于提高学生的注意力。我校生源质量较差，传统课堂老师"一言堂"式教授方式，学生跟不上老师讲课的思路，课上容易睡觉，容易溜号。"1+3"课堂通过小展互助、大展提升可以让学生更好地互动，提高课堂的活力和注意力。

2. 有利于听展学生注意力集中。固定的位置对于听课者而言，在视觉和听觉上总会产生一些不利因素，变换着位置听课，移动听课，寻找对自己最有利的位置可以清楚地看到黑板，清晰地听到展示同学的声音，学生可以和同学科的学生凑在一起交流有疑问的问题。对于学生不明白的问题，教师可以更方便地去板前指出，有利于节省课堂时间。

3. 有利于生生、师生互动交流。改变以前一成不变的课堂形态，学生对于每节课重新组合的同桌更感兴趣，有利于增加学生互动交流，从而更能提高学生的主动性和积极性，活跃课堂气氛。另外老师走近了学生，学生靠近了老师，拉近了师生之间的距离，让教与学更加生动有趣，由被动地听变成了主动地学。

反思二：提高课堂聚焦度的几点做法

1. 结合班级空间，合理调动学生听课位置。班级除了主板之外，其他的六块黑板是学生主展黑板。学生大展时，前面的两组同学就要离开自己的位置，移动到两侧或者中间位置，可以站着、蹲着，还可以搬动自己椅子坐着，甚至可以和其他同学坐在一个椅子上，但是要做到错落有致，尽量前面同学不挡住后面的同学。随着展示板块的不同，学生要随时变换位置，找到对自己听课最有利的地形。

2. 教师要时刻关注听展和展示学生的动态。由于学生都有懒惰的心理，教师有必要及时关注和严格要求。每节课展示开始时，教师都要提醒学生找好自己的位置，展示的同学才能开始，并使之成为习惯。在学生展示的过程中，教师除了要关注展示中出现的错误，准备点拨外，还需要关注下面听展同学是否全神贯注，是否听得明白，是否有质疑和生成。

3. 让学生感到增强课堂聚焦度的重要性。有的学生以自己能看见黑板，能听到讲课为理由而不想离开位置，懒惰思想比较严重，但其实听课效果并不好。我们在与学生交流时，要求学生要流动式听课，并说明这样做的好处在哪里。一是有利于身体健康。二是有利于小组互动。三是有利于听课效果。四是能增强课堂的有效性。一年来的授课实践告诉我，开始要严格要求，形成习惯之后不用老师说，学生自己就会找到好的位置听课了。

反思三：实施课堂聚焦度的效果

我在课堂教学中，对如何提高聚焦度实施了将近一年的时间，从学生开始的不习惯到慢慢适应，最后到学生主动适应，应该说收到了良好的效果。

1. 学生上课有目标了。我校"1＋3"教学模式下的课堂较之传统的课堂已经减少了很多学生上课睡觉的现象。特别是对于一些行为习惯不好、学习基础又较差的学生，充分调动他们主动参与的积极性，关注聚焦度起到了显著的作用。而这种关注聚焦度的方式让我们学生真正动了起来，因为他们无论移动到哪个位置，手里拿的只有导学案和彩色笔，减少了违纪行为的发生。

2. 课堂气氛更活跃了。当学生聚集在一起以后，课堂上时刻碰撞出智慧的火花，衍生出更多的质疑和生成，课堂上的气氛随之活跃起来。学生可以直接去到板前进行互动交流，老师也可以更好地关注全体学生。这种生生互动、师生互动的场景在课堂上随处可见。班级学习气氛更浓了，学生学习更快乐了，老师的授课显得更有的放矢。

3. 学生学习成绩提高了。提高课堂聚焦度实施一年来，课堂效率明显提高，上课秩序明显好转，学生成绩明显进步。比如四班的小程同学，在第一次月考中，她的数学成绩考了全年组最后一名，只得了 4 分。虽然我没有批评她，但是在接下来的一个月的学习中，每节课她一会站这儿，一会儿坐那儿，手脑眼并用，积极参与每节课的互动交流，在期中考试中以 62 分的成绩成了我们班级进步最大的学生。二班的小玉同学，在学习古典概型的时候她是坐在后面或中间位置，每节课展示的时候她都跑到后面一组跟着听讲，态度非常积极，在老师追问问题的时候她都第一时间做出反应，学习效果特别好。而最近几节课，她串到了最前面一组，也许是由于懒惰还是其他因素，有两节课明显听不到她的声音了。因为她并没有移动自己的位置，而是一直坐在自己的位置，溜号和聊天的现象明显多了起来。我发现后及时以这次的数学会考成绩会以大家平时的表现和期末考试成绩来给大家打分为理由来提醒大家的时候，明显看到了大家的变化，而变化最大的就是她。小玉听到后，先是脸红，接着带着导学案就坐在了听展的最前排，认认真真听起课来，而且还跟着小组其他成员解答和质疑，效果非常好。

这样的例子还有很多很多，这样的效果也让我快乐和幸福，让我在找到聚焦度可以更好地提高教学效果的同时，再一次体会到了我校"1+3"课堂教学模式下学生自主学习的快乐，教师快乐育人的幸福。我会一直努力和坚持下去，去寻找应该属于我们教师和学生更多的成就感。

（刘松丽）

研讨凝聚智慧　展示创造奇迹

一、激发动机，细化要求，在"交流研讨"中凝聚智慧

"交流研讨"是"1＋3"课堂教学模式的第二个板块，也就是"3"中的第一个环节。这一环节主要是通过小组同学协作，交流预习的成果，发现研讨预习中存在的问题，为课堂的第二个环节"展示提升"做好充分的准备。通过交流研讨，能增进小组同学之间的友谊，增强合作意识，也让学生的思路活跃起来，充分调动学生尤其是 B 级、C 级学生的学习积极性，最大限度地提高学生的学习效益，让学生享受凝聚群体智慧而收获成果的快乐。

也许有人会有这样的疑惑：学生会交流吗？在交流中愿意表述吗？即使愿意表述，那么表述什么呢？说句实话，我们也曾有过这样的困惑，但是走出困惑，寻求突破，将学生带入一个民主、平等、合作、探究的学习氛围中来，摆脱学习中孤独、无奈的困扰，给了我们二中老师无穷的动力，于是我们潜心研究，反复实践，形成了一种有效的思路：

1. 培养小组中的学科带头人，也就是培养学科中的 A 级同学，教给他们发动研讨的方法，让他们在研讨中起带头作用，有效地解决了"怎么研讨"的问题。

2. 一开始，教师可根据学习内容，规定研讨的内容，一段时间后，学生就可以根据学习内容以及预习情况自行决定研讨内容，这样解决了"研讨什么"的问题。

3. 采取奖励机制，通过给小组加分来鼓励学生积极研讨，解决了"不愿意研讨"的问题。

"1＋3"课堂教学模式中的"交流研讨"绝不是流于形式，也不是走

走过场的"形式主义",而是要在严格的要求中达到交流研讨目的。

研讨的总体要求是小组成员每时每刻都要主动参与,在组长组织下全身心投入到研讨中去。具体要做到:

1. 小组长要安排好讨论的内容,控制好讨论的节奏,防止假研讨或不研讨。

2. 全体学生起立研讨,采用"同级一对一"和"跨层讨论"的方式,完成"兵教兵"的任务。

3. 教师要深入小组,参与学生讨论,收集学生存在的共性问题,留待"展示提升"环节集中点拨。

七年来的课改实践证明,学生在"交流研讨"过程中都能提高自己。许多问题通过小组集体智慧得以解决,在长期的交流研讨中,学生学会了思考,学会了合作,敢于表述自己的看法了,智慧得到开启。有一位家长和我谈起孩子时,高兴地说道:"以前我儿子从不和我们交流,自从到你们学校一段时间后,回到家主动和我们交谈了,有什么事情主动和我们交换意见,说明自己的看法。孩子真的变了。"

"交流研讨"是"展示提升"的准备阶段,在"交流研讨"的目标达成后,就要进入"1+3"课堂教学模式的下一个环节——"展示提升"。

二、跟进激励,提升标准,在"展示提升"中创造奇迹

课上精彩的展示,能给学生带来巨大的学习动力。它既是学生排除疑难、收获知识和能力的重要手段,也是教师掌握学生学习状况的途径,更是教师进行追问和集中点拨的依托。一堂课是否有效,可以说,展示环节最重要。

在"1+3"课堂教学模式实施的初期,学生们也不愿意到黑板前展示,即使是站到了黑板前,表情也拘谨,姿态也扭怩,板书也不工整,语言也不流畅,讲述或点评抓不到点,只有极个别的同学能基本上符合要求。为了解决展示过程中存在的问题,为了让学生都能投入到展示中来，为了达到展示环节的真正目的，收到良好的课堂效果，教师应经常围绕专题进行研讨，发挥群体智慧，想办法让学生把热情投入到展示中来。

首先培养学生的写字兴趣，掀起练字高潮，让学生们都以写一手好字而感到荣耀。字写得好了，板书规范了、工整了，学生们就愿意到黑板前展示了。其次培养学生的演讲技巧。开始时，学生不愿意到板前讲述、点评，我们就让科研小组长发挥带头作用，开班会让学生展开讨论，找同学谈心、给予同学鼓励，使学生勇敢地走到台前。教师热情指导演讲姿势，指导学生讲话表情，使学生们讲述、点评时放松、自然，久而久之，学生们都积极踊跃地投入到展示中来，自信地展示，为得到教师和同学的掌声鼓励而感到自豪。可以说，现在许多平时不爱言谈的学生都能积极地走到黑板前进行展示了。

在展示中，各组同学依次讲解、点评，把学习的收获呈现给教师和同学，其他同学会用心听、用心记、动脑思考；教师也细心听，细心观察，细心准备。这里所说的"准备"就是教师在听学生讲解点评的过程中做好点拨的准备，对课前准备好的点拨内容要根据课堂情况进行快速调整。当讲解、点评的同学存在不足时，其他同学通过补充、质疑，帮助展示的同学提升自己，弥补不足。老师及时的点拨又使所有同学在预习研讨得到收获的基础上锦上添花。如果说同学们原本身处云山雾海中，那么在老师和同学们的协作帮助下，现在则拨开云雾，见到了太阳。

能让这些久被忽视的孩子们勇敢地走到黑板前，开口讲话，表明看法，老师们看在眼里，喜在心上。同学们在"1＋3"课堂教学模式中动起来了，可"怎样动"是值得思考的又一个课题。于是，我们对"展示提升"提出了具体要求。如展示方式要灵活多样，不拘一格，可以口头展示，可以写，也可以唱，也可以表演等；再如对讲评时的体态、语言、语气、书写等都有严格要求，而且对不同年级、不同阶段的学生要求不一样；声音要洪亮，姿态要大方，书写要工整等；又如对学生展示什么、怎么展示，教师点拨什么、怎么点拨等都提出了明确的要求。在严格的要求下，学生们不断进步，不断收获，各种能力不断深刻提高。比如各个社团活动踊跃，学生积极参与，许多学生的书法作品参加了展览，获得了荣誉；许多学生的文章得到发表；学生们能独立举办整台大型的文艺演出、读书汇报会。更可贵的是，原本不善言谈、说话脸红的学生敢到舞台上表演话剧、配乐诗朗诵，能在众人面前进行演讲等等。许许多多的变化都是"展示提升"结出的硕果，令家长、老师们感到欣慰。

进一步激发了学生学习的热情。同学们愿意学习了，因为他们有了兴趣；同学们会学习了，因为他们有了方法；同学们学到知识了，因为他们用心了；同学们提升能力了，因为他们参与了。总之，学生们敢说了，会说了，会思考了，有条理了，懂事了，原本不愿意学习、爱淘气的孩子在思想上、行为上获得了飞跃的进步。同学们在"展示提升"中创造了奇迹。

"1＋3"课堂教学模式只是我们探索出来的一种课堂教学模式，如何在这种模式下取得教学的高效益才是我们所关注的重要问题。为此，我们注重抓好"1＋3"课堂教学模式的每一个环节，利用每一个环节使学生获得最大收益。经过我们几年来的实践，"1＋3"课堂教学模式改革已经取得了显著效果。我们相信，只要我们执着地追求，不懈地努力，大胆地探索，"1＋3"课堂教学模式一定会绽放出更加奇异的光彩！

（彭金宝）

"1＋3"教学模式下的高三生物教学反思

我国学者熊川武教授认为："反思性教学是指教师借助行动研究，不断探究与解决自身和教学目的，以及教学工具等方面的问题，将'学会教学（learing how to teach)'与'学会学习（learing how to learn)'结合起来，努力提升教学实践合理性，使自己成为学者型教师的过程。"面对新课程理念的挑战，这需要我们教师积极开展反思性教学，切实提高教学质量。通过反思，及时发现问题，并提出解决问题的方法，提高学生在高三复习时的知识掌握率，加大课堂容量。作为一名高三生物教师，我主要从高三生物复习角度进行反思。

一、对学生知识学习的反思

对于高三生物知识的复习，我多采用提问题来引导互动。如在复习有关呼吸作用的内容时，我会和学生围绕有氧呼吸的场所在哪里，过程如何进行，哪些类型生物能进行有氧呼吸等问题展开互动交流，当有同学提出"细菌属原核生物没有线粒体，为什么有的细菌是好氧细菌？"问题时，互动的内容就更进了一层，我就可以引导学生，逐渐完善他们的知识网络。

二、对学生能力培养的反思

教师在对学生传授知识的同时，进行能力的培养是十分重要的，尤其要重视培养学生的实验观察、思维等能力。如在"叶绿体中色素的提取与分离"实验时，学生发现用毛细吸管不容易把滤液细线划细划匀，甚至有时还会把纸划破，这个时候教师就要及时追问："你能找到替换毛细吸管的更合适的画线工具或画线方法吗？能否用其他蔬菜代替菠菜？效果如何？"等问题，激发学生的创新意识，培养学生的实验能力。

三、对学生情感态度价值观建构的反思

在"1+3"教学模式的课堂中，教师要用强烈的情感语言创设情景，把情感传给学生，触动学生心灵，在生物知识构建中培养学生正确的世界观、人生观。如学习《人类对自然资源不合理的开发利用》一课，上课前，教师可以先轻松愉快地说："同学们，据史学家考证，六千年前，陕西、甘肃一带是个风景优美、充满生机的地方，那里山清水秀、林木参天，遍地绿草如茵，处处鸟语花香。"讲到这儿，学生因受教师情感的感染，内心充满喜悦，那种对美好大自然的向往热爱之情油然而生。接着教师又心情沉重地说："由于人们滥伐森林、滥垦草原、围湖造田、污染环境等造成的不良后果，使生态系统受到了破坏，同学们，我们要有环保意识，要走可持续发展的道路。"讲到这里，师生情感产生共鸣，近而产生共振，教学的效果得到优化。

四、对教学中成功、失败案例的反思

1. 记"败笔"之处。即使是成功的课堂教学也难免有疏漏失误之处，对它们进行回顾、梳理，并做深刻的反思、探究和剖析，多积累"病因""病例"，同时有的放矢寻找"办法"，使之成为以后教学的经验，教学就会逐渐趋于"完善"。例如讲授"种群"这个概念时，看起来学生都掌握了，但大部分学生都认为"一片森林中的桉树苗组成一个种群"。这说明学生没有真正理解"同种生物"既包括幼体还包括成体的所有集合。那么在接下来的练习中，我就要在这一部分进行强化和巩固。

2. 记课堂的成功之举。主要包括教学过程中达到预设目标的做法和措施，教学思想、原理及方法的渗透迁移和应用的过程，感触与创新等。如在复习"有丝分裂与减数分裂"时，染色体行为的变化情况一直是教学中的难点。我在教学中把复杂、烦琐的知识用简明的字组成口诀："有

丝同源不配对，减Ⅱ无源难成对；联会形成四分体，同源分离是减Ⅰ。"这就有助于学生记忆，深受学生欢迎。

3. 记学生见解。学生总会有"创新的火花"闪烁，提出一些独到的见解、思路和好的方法。如讲授"运动性失语症"和"听觉性失语症"时，学生经常混淆"S 区和 H 区"，课堂上有一位学生说"sport"的意思是"运动"，可与"运动性失语症"联系，即 S 区受损伤造成的疾病为"运动性失语症"。这使学生记得深刻，不易混淆。对于这些具有创新性的独到见解加以反思有助于开阔我们的教学视野，督促我们更加认真备课，实现教学相长，这也可作为教学材料的养分及教学资源，使课堂教学得以补充和完善。

总之，"1＋3"教学模式下的高中生物课的教学，教师要不断地进行反思，也就是能在课前对课堂教学发生的一切具有鲜明的预见性，在课后能将课堂中的教学行为和相关体验上升为一种新的教学理念，在教学中能根据各种教育现象适时做出适当的反映，从而体现和实践自己的教学风格与教学特色。布鲁巴赫指出："反思性实践是使教师在其职权范围内，改进自己的教学实践，成为更好、更有效率、更富创见的行家的工具。"我相信，在"1＋3"教学模式下，高三的生物复习将会越来越好，同时，我会不断反思自身问题，及时改正，并保持自己以往的教学风格，做到更好！

（王宇鹏）

能用众智，

则无畏于圣人矣！

叁

小组合力的形成与提升

导言："1＋3"课堂小组建设细则

　　小组合作学习作为"1＋3"课堂教学改革所提倡的教学模式和学习方式，给我们的课堂带来了活力与希望，推动了课堂教学改革创新。为了让小组建设能够更加规范，将我校小组建设工作深入推进，方便广大教师在教学过程中创造性地开展小组建设工作。现就小组建设中的细节问题，制定如下细则。

一、组长职责

　　（其中 1—4 是行为组长职责、5—8 是学习组长职责，可以是 1 人，也可以是 2 人分别担任）

　　1. 组长要学会做好组员的思想工作，协调好组内成员之间的关系，要团结同学、帮助同学、组织同学，形成小组合力，打造积极向上的小组团队。

　　2. 要发挥小组长在教师与小组成员之间的桥梁作用，沟通、协调师生关系。主动处理好各小组长之间的关系，积极组织参与其他小组之间的和谐竞争，掀起比、学、赶、帮、超的良好氛围。

　　3. 小组长要组织组内成员相互监督各项制度的遵守情况，组织组内帮扶辅导、互帮互助，要督促同伴改正错误，帮助同伴完成教师布置的各项任务。

　　4. 小组长要协助教师完成一些力所能及的日常工作，随时关注本组同学桌面上的物品摆放及桌下卫生情况，评出优差，落实奖惩条例；要维持小组活动纪律，维持好小组课内外活动的正常秩序，协助教师做好小组活动的安全防范等工作。

5. 小组长要勇敢地担当起学习小组的学习领袖角色，帮助教师收发导学案、组织学生课前预习、上课交流研讨、分配展示任务等。

6. 检查小组成员各项作业的完成情况，督促完成作业不积极的同学按时完成作业；检查小组成员课堂学习情况和每天学习内容的落实情况，学习内容要做到堂堂清、日日清、周周清、月月清。

7. 小组长带头帮助学困生，中等生帮助学习较差的学生，在组内形成互帮互助的氛围。

8. 小组长布置任务时，不要以命令的口气，要心平气和，不要盛气凌人，要平易近人；小组长在合作时要求学会倾听，懂得尊重别人，对别人的发言要能表示出赞同或提出不同的见解。

二、小组长在"1＋3"课堂教学模式各个环节中的具体做法

1. 自主预习环节

晚自习时，小组长要管理好自己的组员，使其尽快进入学习状态，有学习的意识，根据黑板上布置的学习任务，在规定时间内完成每个学习任务；在同学们独学阶段能够环视组员，比一比投入度，对表现好的同学给予加分奖励，利用好手中的小组成员评价表；组内群学研讨时间，把同学们预习中存在的问题收集整理，在组内研讨中能解决的就解决，解决不了的认真做好标记，第二天上课前或课堂研讨时及时反馈给教师。

2. 对学交流环节（课上进行对学、群学）

小展示：解决预习时不能解决的问题（帮扶对子）

（1）小组长组织核对答案，解决疑难。小组内可能有解决得不够满意或解决不了的问题，小组长带领大家进行整理归纳，标注到黑板上，准备组间交流时与其他小组共同探讨。

（2）小组长分好主展组、辅展组，确定主讲人，派人完善板面；对组内预展加以完善、改进；合作完成设计版面；学生板演时使用彩色粉笔，突出重点。

在整个学习活动中真正做到人人有事做，事事有人做，时时有事做。尽量使课堂学习参与率、投入率达百分之百。

3. 大展示之前：聚焦

小组长对组员的站位有明确的规定，哪些同学在座位上不动，哪些同学需要动，走哪一条路线，站在什么位置等等。

4. 课堂展示环节（主展、辅展、多人合展）

（1）对展示的同学的要求

面向全体同学，负责给大家讲清楚展示的内容；声音要洪亮，尽量脱稿；边写边讲，重点之处用彩粉笔勾画，不要照念过程，应该主要展示问题的分析过程；和座上听讲的同学有眼神上的交流，选择适当的时机把同学们不太懂的问题抛给其他组的同学或全班同学，进行有效互动。

展示卡壳时，同组成员、小组长、其他组会这道题的同学应马上接着讲；展示的同学要充分尊重质疑的同学，学会倾听、认真解答，展示完成后礼貌用语"还有什么疑问吗""我们组讲解完毕，请下一组同学点评展示"……

点评的同学，高一年级应注重在教态、书写、语言等方面进行；高二年级应该有深度，重点点评题目的完成质量，还有没有更好的思路等。展示完成后，组与组之间要迅速交替，下一组要展示的同学提前到板前等候。

（2）对听众的要求

组长组织组员听课，监督溜号的组员和游离于板前讲解内容的同学；手拿双色笔，认真听讲，与自己所做学案进行对比，取长补短；对展示的同学所出的错误，第一时间给予纠正；充分尊重展示的同学，若思路不一致，耐心听完再进行补充；当其他同学质疑的时候，认真思考，参与学习；当老师在板前进行集中点拨讲解时，背对着黑板的同学要迅速转过身听讲。

在大展示过程中，组长要引导大家运用合作学习的礼节，比如一人发言之后其他同学要给予掌声；使用较为规范的交流语言——"我想补充××同学的观点""我同意××同学的说法"；发言完毕之后能进行提示等等。

5. 展后巩固环节

组长监督、督促自己的组员，展后认真完善导学案，课上完成不了，晚自习时也要完成。有个别课上没学透或者说需要补课的同学，小组长可以利用自习课单给他巩固巩固，也可以安排对子组的同学帮助巩固。学校为奖励优胜小组和优秀学生，每学期都要评选星级学生，还举行春之行、夏之旅活动，增强小组的凝聚力。同时，学校还为学生的展示搭建平台，让学生通过组织读书汇报会、参与校园管理等多种形式，尽情地展现他们在小组合作中收获的知识和成长的轨迹，从而使学生体验到成功的快乐，使课堂教学焕发出生命与活力。

问题 27：小组长在一段时间后，工作热情下降，甚至提出辞职怎么办？

小组长是高效课堂中的灵魂人物，小组长的工作能力和工作热情，直接影响着小组的凝聚和发展。一般说来，小组长都是小组中组织能力最强、各方面表现都很优秀、最有责任心、工作热情最高的同学，他们的辞职有自身思想意识和工作方法的问题，也有外部因素的影响，归纳起来有以下几点：

1. 事必躬亲，疲于任事

很多小组长自身能力很强，为了给小组多加分，生怕别的同学干不好影响了小组得分，所以小组中的所有事都亲力亲为。无论是平时学习常规还是小组各种活动都一手包办，久而久之，小组长的工作越来越繁重，不仅耽误了正常的学习和休息，更严重的是伤害了小组其他成员的积极性，组员难以调动，小组的凝聚力越来越差，小组长的工作难度就更大了。

2. 突出个人，淡化集体

有些小组长是小组中的佼佼者，他们学习时是"学霸"，活动中"一手遮天"，往往凭借一个人的突出表现就能让小组分数名列前茅，能够很轻松地当选优秀个人。长此以往，组员就产生了依赖心理，集体的声音不复存在，小组变成了精英组长的一言堂。

3. 缺少统筹，分工不当

有些小组长的工作方法不够科学，对组员了解不深，对组员的优势和劣势不能了然于心，直接导致他们在分配任务的时候做不到人尽其才，或者苦乐不均，或者难以完成。甚至由于急功近利，把组内展示的任务都分配给程度较好的组员，直接剥夺了待优生发言的权利，从而造成优等生频繁展示，待优生游离于小组之外。

4. 一味付出，没有回报

作为小组长，平时的工作虽谈不上繁重但也比较琐碎，在学习之余还要承担小组和班级的工作，势必要牺牲一部分课余时间，如果做了工作没有任何回报，时间一长，当最初的热情逐渐消退，小组长的情绪一定会受到影响，这也是很多小组长辞职的原因。

针对这些原因，结合学生的实际情况，我们总结出以下几种解决方法：

1. 更新理念，培训方法

教师在进行小组长培训的时候，就要让小组长对高效课堂的学习小组有正确的认识，让他们意识到小组长的角色不是独裁者而是服务者，小组长的作用是组织组员们更自觉有序地学习、生活。让每一位同学的潜力得到挖掘，优势得到发挥，形成合力。

同时教师要对小组长进行工作方法上的培训，训练他们如何与组员沟通，如何用民主的方式决定小组各项工作的分配，如何发掘待优同学身上的闪光点，如何发挥组员的长处、弥补不足，如何鼓励组员参与学习和小组其他活动等。在平时实践中，一旦发现问题要及时提醒指导，保证小组长的工作有条不紊地开展。

2. 评价调解，突出团队

在进行课堂评价和日常测评时，都以小组为单位，不评价个人突出表现，而且对于团队合作默契、展示参与度高的小组要额外加分奖励，对精英展示不予加分，对小组中所有成员的表现进行综合评价。无论小组长多么突出，只要小组在团队合作上有所欠缺，就与加分无缘。只有凝聚力强的小组，小组长才能获得较高的个人评价，要让学生明白，个人的荣誉是与集体的荣誉紧密联系在一起的。

3. 锻炼能力，激励热情

通过精神激励和物质奖励等办法，让小组长受到激励。例如表彰优秀小组长、优先参加学校大型活动等奖励会让小组长体会到自身能力的提升，并乐于做小组长锻炼自己；通过适当的物质奖励让小组长觉得自己的工作受到了肯定，就会更加认真负责地投入到工作中去。

问题 28：小组内部凝聚力不强，各自为政，缺乏集体观念怎么办？

在解决问题之前，首先要弄清楚造成这种现象的原因是什么。是思想意识问题，还是小组长选择问题，或者是组员之间搭配不当产生矛盾？找到原因方能对症下药，我们一般采用以下方法。

一、利益共同原则

现在的许多孩子不懂得如何与人相处，这就给我们的小组建设带来了一定的难度。小组建设之初组员们往往交流不多，或者出现三两个人的"小群体"，针对这种现象，我们通过一系列活动促使学生们互相信任、互相帮助、互相合作，让学生们在活动中打破隔膜，学会团结、学会宽容。如利用军训进行小组建设，军训的每日评比和总评都以小组为单位进行，小组内有一位同学不合格，全组同学都不能通过，要一同接受额外训练，让学生感受到团结的重要。开学初进行小组建设，通过提升团队精神、拉近彼此距离的一些小活动，让学生们在轻松的氛围里增进了解、增进友谊。学生校内外一切行为的所有评价和奖励，都落实到小组。让学生明白，同一小组的所有成员的利益是一致的，一荣俱荣、一损俱损。总的来说，要让小组成员时时刻刻都意识到，他们在为了共同的目标努力，他们越团结，收获就越大，这样，团队的凝聚力就会大大增加。

二、消除"短板"原则

很多小组凝聚力不强，往往是由于小组内部存在不稳定因素，例如同学之间的矛盾。某些同学不参与集体学习，搭配不合理。教师应首先组织小组成员分析小组凝聚力不强的根本原因，如因为搭配不合理，应及时调整；如因为个别同学不参与集体活动，则应发动小组成员主动帮助他、督促他提高认识，融入集体之中，而不应该听之任之，自扫门前雪；如因为同学之间的矛盾，教师和班级自主管理委员会成员要及时疏导、化解矛盾。只有消除了"短板"，小组才会焕发活力。

三、组长核心原则

组长的确立虽应该遵守民主原则，但教师也不能放任自流，很多散乱的小组往往是由于学生选择的组长是组里的"老好人",尽不到组织督促检查的责任。因此,教师可以在学生选举小组长时,引导学生制订有利于自主学习、自主管理的选举标准。按照标准选举责任心强、有威信、有组织能力的同学充当小组长,也可以在选举时将候选人提请全班讨论,参考全体同学的意见。而组长一经确定,就要成为一个小组的负责人,要能够以自己的公正、爱心、负责赢得本组同学的认可,成为小组的核心,这样,小组的凝聚力才有保障。

四、统一的文化建设

引导学生自主确定组名、组徽、组歌、组训、口号等一系列小组的外显文化,让整个小组拥有共同的标识,具有一个统一的风格,形成一致的精神内涵,这样,小组成员也就具有了归属感,有利于组员的团结。

总的来说,解决这个问题只要抓住这个关键,那就是以德育促团结,一切方法的最终目的都是对学生人格的一种塑造,只有让学生真正变得宽容无私、积极进取,才能真正消除这种现象。

问题 29:小组的组训、组歌、口号等流于形式,实现不了内化怎么办?

一、制定组规

班有班规,组有组规。从自学、讨论、展示、质疑、导学案及作业的完成与收发、自主学习的纪律及日常行为规范等方面制定出基本的规范要求,确保每个同学都能明确合格组员的标准,把外在的文化转化成内在的自律。

二、确定目标

小组讨论,制订本学习小组阶段和长期奋斗目标。在遵规守纪、行为习惯、预习效果、课堂展示、学业成绩等方面要达到什么目标，在班级的所有团队中要达到什么水平。使目标清晰、人人明确，并自查目标的实现与否。并且在不同阶段目标也要有变化。

三、文化更新

小组文化不能是三年不变的，随着学生视野的拓宽、素质的提升，原有的小组文化也要不断地丰富和提升，不断地精细化、科学化，甚至在不同阶段要有不同的小组文化。小组文化的不断更新会带来文化建设的阶段性强化，也使得小组文化适合学生的实际，学生乐于接受、乐于遵行，当然会深入人心。

四、日常深化

（一）班主任对小组的关注

1. 及时了解小组动态

在学习小组组建之初，班主任每天都要对小组进行关注。例如抽时间单独与小组长进行座谈，每周至少组织一次小组长会议，给小组长创设交流经验的平台，结合同学们的评价，结合平时的各项工作选出文化建设优秀的小组进行表彰。也可以定期评选最佳展示团队、最佳质疑对抗团队、最默契团队、最具特色团队等，具体名称可由教师自由发挥，只要达到激发小组间的竞争、让学生以自己的小组为荣就可以了。例如可以从物质、精神两方面进行奖励，让小组文化成为学生奉行不悖的行为守则。

（二）小组长对组员的关注

1. 发挥榜样的力量

选出为小组增光、遵守组规的榜样，及时在小组评价栏内进行表扬；发现不足，及时将建议写在小组的评价栏内。

2. 在小组中营造和谐氛围

现在的学生自我意识较为强烈，要引导同学们学会与他人共同分享痛苦与快乐，要乐于帮助他人；搞好学习小组中的结对帮扶工作，根据同学们的学习状况，在某一学科的优势科目与劣势科目的同学结成帮扶对子；定期评选"黄金搭档"，发现帮扶对子互帮效果好的及时进行表扬。

3. 建立小组内的互相监督机制

建立小组内的互相监督机制，结合班规和组规执行，让学生时刻牢记组训组规，对于小组文化的内化可以起到很好的效果。

五、效果评价

对于文化建设效果的评价主要体现在协作过程和协作结果两方面。协作过程主要体现在小组是否具有较强的凝聚力，协作结果主要体现在是否达到了既定的学习目标。具体应从以下几方面进行评价：

1. 小组成员关系：学生和其他成员是否协作愉快，是否愿意帮助别人，是否愿意与他人合作完成任务。

2. 与他人的信息交流情况：信息沟通的频率和数量、信息沟通是否准确，理解他人是否有困难，是否相信他人对自己观点的评价，是否强烈希望自己与他人存在一致性的情感。

3. 学习动机：相信学习的过程是快乐的，学习更多的动力来自内部。

4. 学习中的投入：表达自己思想和情感时是否充分，是否有强烈的愿望表达自己，倾听他人讲解是否更认真，是否坚持不懈完成任务。

5. 问题解决结果：个人贡献是否突出，本身的价值是否得到体现。

6. 学业知识和技能的掌握情况：学科知识的理解与应用，交流与解决问题基本技能的掌握和研究技能的提高。

当然，评价除了这种量化评比之外，还可以有精神评价。组长利用一日反思，对组员进行表扬与批评，这就是一种精神评价。

评价结果要及时公布，评选星级团队、设光荣栏，将星级团队的成员照片进行展示，以此作为评比"三好学生"等各类先进的依据。

附件："当一天小组长"活动优秀总结

创新思维激活小组建设

经过"当一天小组长"活动的体验，我对高效小组建设的整体建构有了更加深入的思考。我认为，就像所有的新生事物一样，小组建设也要与时俱进，不断创新，不断进步，才能真正适应学生的实际情况，起到凝聚人心激发潜力的作用。

一、组织创新

成立以"德育副校长——学生处——班主任——学生；教学副校长——教务处——教师——学生；党支部书记——团委——团支部——学生""三线四级"的德育管理网络机制。我校建有"德育工作领导小组"，主要负责行政工作，担负对班主任队伍的管理及考核评价职责。同时学校建有"优秀班主任工作室"，主要在班主任专业化成长中发挥引领和培养作用，并以"优秀班主任工作室"核心成员为主体，建立班主任导师制。工作室参与班主任的"传、帮、带"，通过"选拔、培训、激励"三个环节，举办年轻教师主题班评优课比赛、青年教师座谈会、班主任基本功竞赛等活动，加强研讨，分享智慧，不断提高年轻教师综合素质、工作能力，加速班主任队伍的成长。

二、制度创新

创建一系列与小组建设相关的制度，为"班级管理小组化"特色建设向纵深发展提供评价制度保障。如拟定与"小组自主合作"建设相配套的评优评先条例，确定校级层面的个人荣誉，如：最佳组长、最佳展评个人、最佳合作成员；校级集体荣誉有最佳小组。最佳组长表彰的是在班级管理中能主动发现问题、寻找办法、积累经验并最终去解决问题的组长，他们主动思考、善于管理、团结组员，是最基层的管理者，是班级管理的坚定执行者和具体落实者，是班主任的左膀右臂，是"班级管理小组化"建设持续深入推进的有力组织保障。最佳合作成员表彰的是那些成绩不是特别突出，能力不是特别出众，但在课堂学习中，在集体活动中，组长忠诚的粉丝和积极拥护者，他们是小组各项举措的坚定执行者，他们以自己的言行影响和团结着身边的组员，有效促使形式以组长为核心的小组强大的凝聚力和战斗力。最佳小组则褒奖了在组长带领下，在教育教学活动中突出的小组群体。

三、阵地创新

1. 班主任例会

每周一次的班主任例会，摒弃传统琐碎的德育工作布置，以展评的形式让老师畅谈各自在"班级管理小组化"探索实践中的心得体会。老师们的展评以治班理念为主线，以近阶段班级活动的照片及学生、教师感悟文字为主要内容，以"班级管理小组化"经验交流为主要方向。班主任例会也是我校班主任专业化发展中的校本培训方式。

2. 每天 5 分钟点评

鉴于班主任日常班级管理任务较重，每天又要与学生进行面对面沟通，及时反馈、点评，化解矛盾，同时为了强化"小组自主合作管理"，我校在每天放学前设置了"每天 5 分钟点评"这一环节：对班级常规、小组建设，可表扬可批评，形式可以是教师点评、值日班长点评、小组自主评议、组长上台展评等。"每天 5 分钟点评"是一个师生自我反省、共同成长的平台，是师生每天盘点幸福、收获幸福的渠道，这也是班级、学校德育教育的新增长点。

3．德育校本小报

编印了两份德育校本小报，一份是面向广大教师尤其是班主任的，集德育总结、安排、思考为一体的《德育之窗》，专门开辟一个专栏——"小组建设的理论与实践"，刊登小组建设的理论学习文章及老师们的实践心得体会。第二份是面向学生、服务学生的，集心理教育、学生作品、小组管理为一体的，也专门设一个专栏——"我的小组生活"，专门刊登学生在小组里学习生活的心得体会文章。

四、活动创新

"我为小组管理献一计"征集活动。面向班主任及各班组长开展了"我为小组管理献一计"的征集活动。主要征集组长在小组管理、班级管理中的心得体会或好的管理创意和点子，以及班主任在小组管理方面的思考和实践等。

小组结对共建活动。为进一步加强小组、组长之间成功经验的交流和沟通，小组成员之间相互学习，取长补短，共同探讨小组建设、班集体建设，加速小组、班集体建设和组长成长步伐，组织开展班级的小组间结对共建活动。

家庭教育经验交流会。利用家长会契机，组织同小组间的家长进行面对面交流，尤其是进行家庭教育经验交流，平时则鼓励家长利用 QQ 群进行交流，以便及时客观地了解孩子小组生活中的情况。

家长开放日活动。利用家长开放日的契机，围绕小组建设，各班开设有"我的小组我做主""让我们在小组中成长""Be more active, get better grades""小组互助成果汇报会""小组齐心携手共赢"等主题班会，向家长主动展示班级小组建设的阶段性成果，同时也赢得家长对小组建设的理解和支持。

五、反思创新

以运动会反思展评为例，运动会前，班主任动员学生以小组为单位拍摄运动会精彩瞬间，用图片和文字记录下来，会后撰写运动会反思文章，引导学生从小组建设、班集体建设、集体凝聚力、学生精神风貌、班级班风等多视角体悟运动会，感悟运动会别样的育人功能。然后以小组为单位，组长分工，组员着手制作"运动会反思"电子演示文稿。运动会后，各班制作"运动会反思"电子演示文稿，利用班会课开展"运动会反思"主题班会展评活动，展示各小组运动会成果和感悟，有效地对运动会进行总结，加强班级班风建设，增强小组凝聚力。

六、文化创新

影响小组发展的一只无形的手就是小组文化，学校积极倡导班级开展"小组自主合作"文化建设。学生在组长的带领下，组员们动脑筋给小组取名子，定誓言，拟口号，选组歌，拍集体照，布置墙面文化。

小组文化建设不仅有利于凝聚人心，也能很好地培养和激励小组成员的认同感、归属感、责任心和团队精神。

（闫庚义）

换一种身份，换一个角度，换一份思考

短短一天的身份调整，让我感到非常忙碌，因为这一天我有两个班四节课的教学任务，同时还要到高二（2）班参加四节课的"做一天小组长"活动。这一天，我也享受着一份难得的快乐，仅仅是因为我成了高二（2）班晨毅组的"一天的小组长"。作为曾经的班主任，我曾因某个小组平时欠佳的表现而埋怨小组长；作为现在的科任教师，我曾因某个小组课上待优的表现而去找学科组长。而在这一天之后，我从身份的调整中，换了一个角度，同时也换回了一份对"1＋3"课堂教学模式的全新思考。

一、用平等去交流

第一天晚上，我是第一个深入高二（2）班的科任教师。我的到来引起了学生们的强烈的好奇，也受到了热情的欢迎。在简短的说明后，我坐到了晨毅组的小组中。预备铃之后，语文、数学、历史、地理四名科代表下发了今晚的预习导学案，学习委员也在黑搬前写好了各个时段的预习任务及补充作业。预习开始了，同时，作为小组长，我面对的第一个问题出现了：上了一天的课，小组同学们的桌面上凌乱不堪，导学案和各科教材混杂堆积。在与组员们简单的眼神沟通后，大家在我的带领下，快速地整理好桌面，并开始预习。可是预习完语文学案后第二个问题又接踵而至，大家根据自己的喜好随意地拿起一份导学案就开始预习，并没有完全按照黑板上的预习时段安排，此时的我应该如何去和大家沟通，并让大家接受我的建议呢？我先是悄悄地和旁边的李瑞卿同学进行了简单的沟通，了解到乔伟同学是 C 级同学，语文成绩相对较好，所以每天他都会第一个预习语文学科，并且时间很长，反复琢磨；李佳慧同学是地理科代表，经常先预习地理；姜守柱喜欢数学，每天都会花费较多时间钻研数学学案……经过简单的思考，我小声地叫上大家，然后，指指自己手中的历史导学案，说："咱们先来预习历史吧，我有好多不会呢，你们和我一起，一会儿我好问你们。"话音刚刚落下，大家就都找出了历史导学案开始认真预习，我也拿着提前准备好的历史书开始预习。这之后，我都通过一些简单但是没有丝毫命令语气的话语和大家沟通，并和小组同学一起完成了另外的地理和数学导学案。

晚自习结束后，我深深地体会到，小组长并不是高高在上的，也不需要是一个全才，他只要能够时刻把小组放在心里，并时刻督促小组内的其他同学，同时，也是最重要的，就是用一颗平等的心，去和小组的所有成员沟通交流，那么小组就会越来越团结、和睦。

二、用真诚去打动

晨毅组的李磊同学是分班后刚刚来到二班的新成员，性格内向，不爱参加小组的交流研讨，总是一个人安静地坐在那里。在前一天预习到七点一刻的时候，班主任张玲老师宣布研讨开始，小组的同学就在地理学科组长李瑞卿的带领下开始研讨"中国沪宁杭工业基地与德国鲁尔区的异同点"。我突然说："李磊，沪宁杭的另外一个运输方式你怎么写的啊？"李磊下意识地说："铁路吧？"说完之后，他也突然愣住了，其他人都愣住了，然后孙洛宸就问："为啥呀？"李磊不好意思地看着大家，想了想说："你们看给的地图，附近不都是铁路线嘛！""我去，李磊，你行啊，这个都会！"我夸张地说着，"你地理挺厉害啊！"然后大家也是七嘴八舌地称赞他，这个沉默的大男生红着脸笑了。如果每一名小组长都能真诚地去关心每一名小组成员，积极地带领大家朝同一个目标努力，就一定能打动每一个看似冷酷的心。所以，不管是小组长还是老师，都不要吝惜你的评价，因为，可能就是某一句简单的鼓励，就会燃起一个同学的学习热情。

三、用热情去感染

刚刚深入小组，为了让同学们认同我这个小组长，并真正接受我，第三节课前我就来到小组中，主动参与课前板演，并在展示提升环节到黑板前代表小组展示。在知识段段清的环节，我两次主动参与背诵知识点。在前一天晚自习的预习中，我自主完成了语文、历史、地理、数学四份导学案。虽然我的板书并不是最工整的，虽然我的讲解在历史老师的点评中，缺少了和下面同学的互动，甚至我紧张得都忘记了与下面同学进行眼神沟通，虽然我背诵的实践活动的概念和浪漫主义文学代表作家作品以及作品的影响并不完全，但就是这些简单的同时也是最普通的举动，让晨毅组的同学感受到了我全身心投入的热情，也是这份热情深深地感染着小组的每一个人。在我做小组长的这一天中，历史、地理两节课晨毅都是最佳小组，导学案上交率100%，优秀率100%，地理、历史段段清环节参加背诵人次最多，而我完成的地理导学案也在预习中得到 A_+，个人评价当天加 2 分。所以，如果每一个小组长都能充满热情地参与到每天的学习活动中，他的热情一定会慢慢感染每一个小组成员。

一天的时间虽短暂，但留给我的是长久的思考。换一种身份，换一个角度，换来一份深入的思考。我想，在今后的教育教学实践中，我将把这一天牢牢记在心里，并不断去思考，不断感悟。

（孙　辉）

星星之火　可以燎原

通过一天的体验，我的感触很深。小组长，这个看似班委会中最不起眼的一个职务，却在高效课堂当中担当着最核心的使命和责任。

我这次体验的是自己班级中的"星火四组"。"以星星之火，造就燎原之势"，象征小组的团结才是最强大的力量。组中一共有七名成员，四名男生，三名女生，陈丹丹是小组的组长。

为了更好地获得第二天的上课效果，周三的晚上，我就深入到小组当中。刚到小组中时，第一感觉卫生不是很好，包括小组的桌面和地面，于是我和组内成员进行了沟通，了解到，平时五点到六点时都是谁有空谁打扫，当时我就督促小组成员对自己的桌面进行了整理，然后对于地面卫生排了一个组内轮流值日表，并制定了奖惩制度。组内成员一致反映，平时没有注意这个问题，轮流值日更公平也更规范。

当天晚上一共有五科需要预习，由于地理第二天没课，因此没有预习内容，但是也有对导学案进行整理的任务。作为小组长，我督促组内成员按照黑板上的时间安排进行规范的预习。当预习到第二科数学时，有两名同学因为平时基础较差，对导学案不知该如何下手，而且也坦白了平时都是照其他同学抄的。于是我让他们先阅读教材，在教材中画出重点内容，把教材基本内容读懂后，预习案的内容就可以自己完成，至于"探究部分"可以找组内的 A 级同学讲解解题思路。50 分钟后，两名同学完成了数学导学案，同时也感慨其实预习并没有那么难。有了他们俩的经历，小组成员接下来的预习任务都这样顺利地完成了，且杜绝了抄袭的现象，并且还在导学案上将不懂的问题进行了特殊的标记。一晚上的预习结束了，我的感觉——忙碌、累、充实。

第二天在课上，我时刻以组长的身份带领组员进行学习。为了更好地解决预习时没有解决的问题，研讨时我将组员组成帮扶对子，并且分好主展组和辅展组，在展示时，我作为主展人站在了板前，其他同学在组内进行补充，我想通过我规范的展示让组内成员能够明白到底应该如何展示才能更高效、更精彩。有了这节英语课的示范，组内成员在接下来的几节课中都能更加规范地进行各环节。值得一提的是，在我的带领下，组内成员课上进行背诵的人数也有所提高，对于每节课进行展示和表现突出的组内成员我也进行了统计，然后汇报到值日班长那里，加了相应的个人分。

通过这一天和孩子们在一起，我对小组长的培训又有了一些新的感受和想法。

一、小组长要充满激情，只有充满激情的小组长才能使小组的每一名成员都活跃起来，在快乐中学习。作为教师，我们应该经常对小组长进行培训和指导，让他们觉得自己和其他同学是不一样的，他们的一举一动会感染组内的每一位成员，从而增加他们的自豪感；此外教师还可以利用评价机制来鼓励他们，使他们时刻充满激情。同时，小组长还要有足够的责任感，让他们明白当小组长并不是一种负担，而是锻炼自己的一个机会和服务他人的一种使命，从而让他们在心理上得到放松。

二、小组长要学会使用恰当的监督和管理方式。在预习环节，小组长应带领组员严格按照黑板上的预习任务进行，同一时间进行同一学科，这样可以使组内步调一致，同时也可以使研讨环节顺利进行。那么在这个过程中，小组长的管理语言尤为重要，要说"咱们一起……"，而不是"你们应该……"，从而给组员创造一种平等、和谐的小组氛围。在课上的研讨环节，小组长要对组员进行合理调配，先让学生进行对学，通过对学，每个学生可以将自己在预习过程中困惑的习题进行帮扶对子讨论。对于帮扶对子的建立，教师在对小组长进行培训时可以给予一些合理的建议，对学后再在组内进行群学，把对学中不懂的问题在群学中讨论，把难点化解，扫清展示路上的一切障碍。在展示环节，小组长应尽量采取多人展示，让组内每一个成员都发挥自己的作用，C 级和 B 级同学可进行基础知识的展示，A 级同学可进行知识的补充和提升，让组内"人人有事做，人人想展示"。

三、小组长应得到应有的尊重和理解。在小组的管理过程中，小组成员之间会不可避免地出现摩擦，在这时，作为教师我们要坚决做好小组长的后盾。我们可以和组内成员沟通、谈心，帮助他们找出问题所在并解决；作为班主任，我们还可以通过召开主题班会，让大家体会小组长的不容易，从而对小组长尊重和理解，让他们在劳累的同时减轻心理的压力。

一天的体验在忙碌中度过了，可我们对小组长的培训却没有结束。通过在"星火四组"的体验，我感受到了小组长所肩负的职责，以及小组长对小组发展的重要性。虽然在这一天的时间里，我们对组内的小组长进行了指导，但这还是远远不够的，对小组长的系统培训应该是我们接下来急需做的一项重要工作，只有这样才能把小组建设得更好，才能使我们的班级更和谐，才能使我们的课堂更高效。

（张　玲）

小组建设问题拾遗

只有科学分组、充分发挥学习小组长的作用，小组合作学习才可能成为教师得力的教学帮手，教学才可能有序不乱。

一、教学中我的小组建设方法

1. 分组策略

要使各小组学生的平均成绩大致相同，小组间不至出现较大的差异；遵守异性效应，实行男女搭配；外向与内向互补，爱说的与不爱说的互补。

2. 选择组长原则

学习优秀；性格必须外向，能积极发言；有责任心、善组织、能管理。

3. 组员分工

每个小组内设立大组长、记录员、卫生员、纪监员以及语文、数学、外语组长各一名，确定每个成员职责，明确每个岗位任务。如组长负责组织，开展小组合作学习活动；记录员负责记录本组的得分；卫生员负责本组的卫生；纪监员负责本小组的课堂纪律维护，及时制止上课出现的说话、嬉笑等现象，各科组长负责单科的学习及与老师的联系。同时教师做到定期对各类人员进行培训，使其快速融入小组，进入合作角色。

4. 学生角色定位

一个小组长如同一个小老师。小组长在学习上帮扶学困生，纪律上加以管束；在交流中，原则上组员都要发言，小组长作总结；组员养成独立思考的习惯，学会倾听别人的述说，学会讨论与交流。

5. 教师的定位

在学生的合作学习中，教师应深入到学生之中，了解学生的合作进程、讨论的焦点，为下一个教学环节的安排做好充分的准备，担负起更大的管理和调控的职责。

二、目前教学中小组合作学习存在的问题

1. "旁观"现象。在进行合作学习时，往往有部分学生漫不经心地看着别人进行，听着别人发表意见，自己却不参与到活动中去，像一个旁观者。

中等生和学困生与优生相比，缺少合作交流的机会。通过观察发现，在学生合作交流中，优生积极思考、积极交流、积极合作，是主角；中等生观望、附和、随大流；学有困难的学生干脆不合作不交流，仅做观众和听众。

2. "热闹"的合作交流失去了应有的效果。在学生热闹的合作交流中，教师听懂了每个学生的想法，可是，学生之间彼此相互明白了吗？

事实上，在学生交流合作的过程中，课堂很热闹，但仔细一想，其实都是优秀学生的"专利产品"。大多数学生成了"配角"，他们听得一知半解，只是顺从别人的想法，当时有点理解，但过后便忘记了。热闹的合作交流只是表面现象，并没有真正意义上的合作交流，大多数学生没有产生思维的碰撞和思想的交锋，当然就谈不上有效的合作交流了。

3. 学生没有进行充分的自学就完成学案，对学案上的自学探究问题没有经过独立思考和深思熟虑。那么在之后的小组讨论、展示环节，要么坐享其成，要么人云亦云，盲目随从，对小组内的不同见解根本无法提出真正意义的赞同或反对意见，也无法做到吸取有效的成分和修正自我的错误。这样的合作学习不但解决不了疑难，反而在无形中剥夺了学生独立思考、自主学习的机会，有悖于合作学习之真谛。

三、今后改正的方向

1. 在讨论之前安排足够的时间让学生进行自学，并对自学情况进行检查，然后再安排学生交流讨论和展示。在展示前还要对展示的问题进行单独辅导，使其展示更具合理性。

2. 采用加分或口头表扬等方法多鼓励学困生，建立起学困生"我能行"的欲望，提高他们的自信心，同时教育优秀生要为学困生提供更多的帮助，让他们感到小组学习的成绩是他们共同努力的结果，从而培养学生的团队意识和协作精神。

3. 加强检查监督力度，落实每节课的知识，避免学生出现不懂装懂的情况。安排本组的小组长课后对本组成员每节课所学的内容进行检查，同时安排科代表课后对一些小组进行抽查，教师自己也对一些小组进行抽查，对抽查的结果及时进行加分和扣分。

（王常君）

学科小组建设与课堂评价

随着课改的逐步推进和深入，"合作学习"已经成为一种重要的学习方式，而小组学习是这一学习方式得以落实的有效载体。这种学习方式能够充分发挥学生的主体性、主动性，同时也能培养学生自学能力和合作意识，使小组内的每一位学生都能参与到学习过程中，体验到学习的快乐。同时，课堂评价环节是对学生学习过程的评价，其目的在于激发学生的学习动机，而不仅仅只是对学生的一种测评。课堂评价是高效课堂教学中必不可少的一部分。

一、学科小组建设

学科小组要本着"组间同质，组内异质，同质结对，异质帮扶"的基本原则进行划分，让每一个小组在同一起跑线上进行公平、公正地良性竞争。同时，应该对每一个小组的学生在本学科中分出 A、B、C 三个等级，但这样分并不是把学生分为三六九等，重视优生、忽视差生，而是为了使教学更有针对性，在教学方法、教学内容、教学评价上更符合学生的实际。但我们教师在心目中不要刻意地划分 A 级就是好学生、C 级就是差生，我们要一视同仁，这样更有利于学生的学习，更有利于学生的互帮互助、建立集体观念，从而实现共同提高。

组建好学习小组，并不等于学生就能合作，就会合作了，要使合作学习小组能够正常运行、合作富有成效，首先应发挥学科组长和小组长在学习小组中的作用。学科组长主要负责在每个小组中对本学科学习的组织、指导和督促，教师可以在学生预习后对学科组长进行培训，通过学科组长了解各小组成员在预习时存在的共性问题，在培训时引导学科组长对共性问题进行二次思考。在小组研讨和展示环节，学科组长可通过教师的指导带领小组成员进行交流研讨，学科组长和小组长要在小组中起到管理、指导、组织、协调、检查等方面的作用。

除了对学科组长的单独培训外，教师还应对各小组组员在教学过程中进行"合作学习"方式的渗透，在全体学生中树立"帮助别人就是提高自己"的合作学习观念，让他们在自主预习和小组合作中体验到自主学习的成就感和团结协作的满足感。教师要对学习小组在学习中的发动机作用上再提高认识，在小组建设、小组长培训上下真功夫；要重视学习小组文化建设，利用学习小组间的良性竞争，使学生在竞争中提高与发展；要培养好学习小组长，学习小组长是学习小组的动力机，要培养小组长的组织、协调能力，发挥小组长在小组学习中的带头作用、领导作用、组织作用和检查督促作用；要创新小组评价机制，把评价主体让给学生，创新小组内部的评价和小组之间的评价，要在合作中借鉴，在借鉴中思考，在思考中提高。

二、高效课堂的学科魅力

学生的数学学习活动，应当是一个生动活泼的、主动的和富有个性的过程，如何激发学生学习数学的兴趣和主动性，在高效课堂中彰显数学学科的魅力，是我们每一位教师都应该去思考的问题。

数学是一门抽象的学问，但教师可通过创设有趣的情境，巧妙地安排教学结构，有效地激发学生的学习兴趣，从而使学生克服厌烦情绪。

1. 设置阶梯

在设计导学案时，教师要对每个题设置一些小问题，尤其是一些难度较大的问题，要化难为易，循循善诱，让学生在自主预习和小组合作中能够进行解决，通过分层启发起到水到渠成的作用，增强学生的自信心。

2. 总结规律

在数学学科中，有很多规律性的知识点，教师可以引导学生通过小组讨论和合作进行归纳和总结，甚至可以适当地编成一些便于记忆的口诀，让学生更加容易掌握。而在小组归纳和总结的研讨过程中，也可以增强小组的凝聚力，激发每一位学生的兴趣。

3. 贴近生活

在数学课堂教学中，如果我们紧密联系学生的生活实际，创设生动的学习情景，让学生真切地置身于生活场景中，不仅有利于学生解决生活问题，而且能让学生学以致用，从而激发他们学习数学的热情，提高他们的创新思维能力。

4. 课题研究

在课余时间，学生可以以小组为单位，选择自己感兴趣或擅长的课题，通过查阅资料和实际操作等方式进行研究，让学生从不同角度和方向思考问题，了解数学和实际生活的关系。这种方式可以充分地培养学生的自学能力和合作意识，不断激起学生学习数学的乐趣，学生就会"乐学"数学，就会彰显数学的魅力，创建高效的课堂。

三、如何升级课堂评价系统

在进行课堂评价时，首先要做到"公平、公正"，要先将基础评价做得扎实、稳固才能谈到升级。基础评价指的是在课堂各个环节中，教师给每一小组的基础分值都是一样的，比如交流研讨 2 分、展示提升 2 分、检测每题 1 分，让大家在同一起跑线做公平的竞争。在课堂的各环节中，教师可根据学生的不同表现给予额外的评价，比如交流研讨环节，对于参与度比较高的小组或者在研讨环节能讨论出多种方法的小组可以多加分。在展示提升环节，如果不经常展示的同学进行了展示，并能主动进行质疑的小组也可酌情加分。对于额外加分，教师不要过于吝啬，我们的 1 分，可能会增加学生的自信和学习的信心，能极大地调动学生的积极性。教师的语言评价也是一门艺术，对于学生的表现要多给予肯定，比如"今天××组的板演特别地规整""××同学的展示语言特别地简练、表现特别地自然""××小组今天的表现特别地突出"等等。美的教学语言不仅能极大地增强教学内容的感染力，使学生学得轻松有趣，而且可以陶冶学生的心灵，有的甚至可以影响他们一生。我们可以用美的语言去培养学生积极健康的思想，唤起他们对美的体验和追求。

在基础评价的基础上，我们可以对课堂评价进行一些创新和提升。为了发挥学生的自主性，教师可以在课堂中让学生进行自主评价，对于数学学科来说，可以在展示环节小组间两两进行互评，评价的内容不要仅局限于板书是否规范、展示语言是否流利简练、讲解姿态是否大方得体，还可让学生对展示题目的解题过程有哪些要点、易错点在哪里、还有没有其他的解题过程、是否可进行一些适当的变式等方面进行评价，这样可以让学生从知识的角度进行深度的分析，而不是只对表层的内容进行评价。

（张　玲）

自制有序，
则明志笃行。

肆 自主管理体系的建设与发展

导言："365"学生自主管理模式

一、365 学生自主管理模式简介

（一）365 模式的内涵

一年 365 天，日日有评价，评价记录每个学生成长足迹；

一年 365 天，天天有公示，公示规范每个学生行为习惯；

一年 365 天，时时能自省，自省完善每个学生高尚人格。

（二）365 模式的内容

1. 三查

三次检查：早、中、晚；

三个主体：个人、小组、班级；

三个方面：行为养成、校园美化、学习过程。

2. 六步

六个步骤：部级检查—情况实录—情况核实—督员确认—评价反馈—结果公示；

六个部门：生活部、纪检部、学习部、宿管部、文体部、宣传部。

3. 五评

五评即"12345"评价体系。"1"，即一个中心，坚定不移地以推行学生自我管理为中心，让他们自己执掌评价武器。"2"，即两条主线，以学生学习和生活的两个主要方面为两条评价主线。"3"，即三个管理层面，分别是个人、小组、班级。"4"，即四张表格，分别是个人评价表、逐日评价表、逐周评价表、评价揭示板。所有的评价机制最终落实在四张表格上，优秀个人、优秀小组、优秀班级也全部体现在这四张表格上。"5"，是五种激励评价措施：夏之旅优秀个人夏令营、秋之行优秀小组远足活动、流动红旗表彰班级、优秀三好学生学生干部奖励、学管会成员成就感激励。

二、365 学生自主管理模式具体操作

（一）校学生自主管理委员会

1. 机构设置

学生自主管理委员会（以下简称学管会）设主席团（主席一名、副主席两名）、办公室，下设纪检部、宣传部、生活部、学习部、文体部、宿管部。

2. 各部学管会成员的确定及评价

（1）确定方式：学管会各部部长、副部长由各班同学申请或班主任推荐，经过全校竞选的方式确定（先后经历海选、复选，政教处督员老师培训，明确各部的职责后才走上管理岗位的）。每学年竞选一次。

（2）评价制度：对工作中做出突出成绩的学管会干部，通报表扬，由学校授予"优秀学生干部"称号，并作为省、市级优秀学生干部推荐候选人。

3. 工作流程

每日常规工作部门：生活部、纪检部、文体部、宿管部；

定期组织活动部门：学习部、宣传部；

考核汇总部门：校学生自主管理委员会下设的主席团、办公室。

（二）班级学生自主管理团队

班级的自主管理团队由常务班长、值日班长、值周班长和 6 个小组长组成。班级的自主管理从以下几个方面进行：组建班级自主管理委员会、商议制定家庭公约、建设生活学习小组、营造高雅的文化氛围、组织丰富多彩的集体活动。

1. 组建班级自主管理委员会

每个班都有三个班长：常务班长、值日班长、值周班长。

常务班长为管理团队队长，负责班级的全面事务；值日班长由全班同学轮流担任，每个学生都有当班长的机会；值周班长由班级自主管理委员会成员轮流担任，负责指导和监督值日班长的工作。

2. 商议制定家庭公约

"家庭公约"即每个班的班规。制定程序如下：（1）全班学生在学习《中学生日常行为规范》《中学生守则》后交流制定出一个家庭公约来，修订好以后大家进行表决。（2）班主任参与指导。家庭公约的制定是班主任的一种领导方式，是一种思想的引领、行为的规范、道德的底线。（3）家庭公约的制定要不断反复。根据不同阶段学生的特点，制定不同内容的家庭公约，例如高一时注重常规公约，高二时注重学习公约。

3. 建设生活学习小组

（1）合理分组——小组建设的前提

①分组原则：组间同质，组内异质，优势互补，平等均衡。

②安排座次：小组排座的时候要采用成绩好的与成绩差的相互交替的坐法，争取每一名后进生都有一名帮扶的同学。

③组内精细化分工

每个组要选出一名大组长，主抓行为和学习，每个成员都是科代表（都要担任至少一科的学科代表）。

④确立组名、组训：每组成员集思广益、共同商榷，为小组起一个

积极向上、充满新意、富有特色的组名，确定响亮的励志口号。

（2）科学指导——小组建设的保证

①入学培训：高一新生军训时，每天晚上在老师的带领下进行小组建设、制定家庭公约；带着任务到高二年组去听一节课，参观学习他们怎样完成上课的各个环节，怎样分工，怎样展示。

②小组长培训：明确组长职责；培养组长的责任心；树立组长威信。

③课堂学习行为培训：指导学生在自主预习环节（独学）、对学交流环节（课上进行对学、群学）、课堂展示环节（主展、辅展、多人合展）应该如何操作。明确对展示的同学的要求及对听众的要求。

（3）激励评价——小组建设的根本

值日班长：按照值日班长职责开展工作，填写班级逐日评价表，认真记录小组、个人在课堂上的表现，包括纪律、卫生，将所有的考评汇总，评出小组名次。

值周班长：每周末将本周逐日记录进行汇总，填写班级逐周评价表，对六个小组进行周排名，评出班级最佳小组。

评价结果要起到激励的作用，用精神鼓励和物质鼓励去激发学生，点燃学生参与自主管理的激情，让学生深切体会到成功的快乐。每双周给优秀班级悬挂流动红旗；"夏之旅"夏令营和"秋之行"远足活动前，给优秀学生家长发大红喜报，在教学楼前举行隆重的欢送仪式，全校师生参加，校长讲话，表扬这些学生的优秀表现，对这些同学们的努力给予充分的肯定，鼓励全校学生向他们学习；评比出一系列星级学生（展示之星、预习之星等）、星级小组，将他们的照片做成宣传板，悬挂在走廊墙壁上和班级门口处，让学生们时时刻刻受到榜样的鼓励；让优秀的学生在开学典礼上和优秀教师一样领奖。

4. 营造高雅的文化氛围

各班都有文化墙，文化墙最醒目的内容是班名及其内涵、班徽及其寓意、班主任寄语以及各小组组名、组训。另一部分是经常更换的内容，这部分内容由学管会宣传部给出主题，具体由学生自己完成，这是学生展示自己才情的舞台。学生在设计文化墙的过程中既能充分显现出自己的聪明才智，又能收获团结协作的快乐。

5. 组织丰富多彩的集体活动

开展丰富多彩的集体活动，让学生自己组织，主动参与。要求从新课改理念出发，在组织活动时变命令式为倡导式，变禁绝式为诱导式，变接受式为参与式；充分发挥学生的主观能动性，并创造条件。特色集体活动有：大课间活动、"三会一活"活动（班会、团活、生日会、家长会）、社团活动、趣味运动会等。开展丰富多彩的校园文化活动，能使学生置身于内容生动而丰富的人文教育当中，会对学生产生潜移默化的影响，使学生在系列活动中渐渐地被熏陶、被感染、被教育。

对于普通的高中学生来说，只有发现了自己的价值，才能真正成为一个终身快乐的人，一个有益于社会的人。事实证明，只要教师相信学生，给学生表现的机会，学生的潜能和智慧必定会得到淋漓尽致地发挥。让学生在自我管理的过程中，从蒙昧走向文明、从无知走向智慧，从平庸走向卓拔，在这个意义上，教育的内涵加深了，教师的眼光变远了。我们教的是学生三年，但开拓的是学生未来三十年的人生之路。

问题 30：家庭公约制定之后变成了一纸空文，执行不力怎么办？

一个有生命力的家庭公约首先要保证以下几点：家庭公约是全班同学民主讨论共同制定的；家庭公约的条款与学生的学习、生活行为规范和习惯养成是息息相关的；家庭公约的要求符合学生的实际；家庭公约中有关违反公约行为的罚规是经过全班同学认同的。如果家庭公约本身没有问题，那么，就要从推行家庭公约的方法入手，落实家庭公约的实施。

一、在班级中建立自查自律机制

制定公约时，学生一定是从有利于自身的学习和发展的角度确定条款的，但由于一部分同学自制力较差，在最初的一段时间，还不能自觉地遵守公约的规定，这就要求班级自主管理委员会在全班范围内展开自查。委员会成员、各常务小组长、学科小组长，要从课堂学习行为、课堂纪律、班级卫生、学生仪表等方面进行监督，对违反班级公约的同学及时提醒并限期改正，或者按照既定的规则处罚。同学之间也可以互相监督、互相提醒，直到班级公约的规定深入人心，大家能够自觉遵守为止。

二、将家庭公约的实施与个人评比相结合

有查必有评。在班级设立个人评比栏，制订个人自主管理评分细则，为班级争得荣誉的同学可以按规定加分，而违反了班级公约的同学则要适当扣分。班级个人评比结果均有记录，教师可灵活选择总结评比结果的时间，例如高一时为了促使学生尽快养成习惯，双周一评或每月一评；到了高二就可以放在期中期末总结；高三学习任务重，完全可以在学期末总结。同时要严格要求，对遵守家庭公约的同学给予一定的奖励，例如颁发团结之星、爱心大使、助人楷模之类的道德评价奖项，也可用学习用品对这些同学进行奖励，为全体学生树立榜样。

三、利用班级活动及时总结家庭公约的实施情况

教师可组织班级自主管理委员会成员利用好班会和团活的时间，组织同学讨论家庭公约的实施情况，并广泛征求同学们的意见，对家庭公约进行修改和增补；指出经常出现的违规现象，总结班级中存在的主要问题，提出下一阶段的要求；让同学们随时随地进行反省自查。

四、将家庭公约的推行与形式多样的班级文化建设有机融合

班级文化建设是一个整体，家庭公约只是这个整体中的一部分内容。从根本目的来看，家庭公约的建立只是将班级文化的内涵与学生的日常生活联系起来，让"班魂"渗透在学习、生活的每一个细节当中，进而培养积极自律、健康向上的班风。从这个意义上讲，家庭公约不是冷冰冰的规定，它与班级家庭氛围的营造是分不开的。教师要引导学生多开展利于班级团结、习惯养成、兴趣开发、增进感情的活动，例如生日会、感恩主题班会、导学案巡展、读书报告会、学科趣味竞赛等，用积极向上的风气去影响学生，让学生自觉自愿自然而然地遵守公约，而不是把公约当作一把法律之剑，悬在学生的头上。

总之，家庭公约不能仅仅挂在墙上，而是要牢牢刻在学生的心中，一经制定，就要严格遵守，否则，学生的自主学习、自主管理就会变成一句空话。

问题 31：个别学生不愿意参与自主管理，置身事外怎么办？

不愿意参与自主管理的学生一般分两类：一类是"自卑型"，由于性格内向或者从未参与过班级管理，对自己没有信心，害怕做不好而贻笑大方；一类是"自私型"，认为参与管理也没什么用，还耽误自己学习和休息，不愿意为同学做贡献。针对这两类同学，我们一般发挥以下四种措施，让他们迅速地融入集体，参与到自主管理中来。

一、制度的辅助作用

推行值日班长负责制，全班同学轮流担任值日班长，负责全班一日内的各项工作，制订详细的值日班长职责。例如我校的值日班长每日十件事：1. 检查卫生工具摆放是否整齐，垃圾是否倒掉。2. 检查教室地面、多媒体、备品是否干净整洁。3. 检查水桶是否需要换水，前后黑板是否擦干净。4. 写好激励性的每日赠言。5. 值日班长配合好值周班长查好两操人数，督促做好两操，并安排好打水同学。6. 掌控好上下课时间，并提醒同学们提前两分钟进教室，做好上课准备。7. 早自习配合好早读老师维持纪律。8. 晚自习下课前 10 分钟，提醒各小组负责人对本组的成员的预习情况进行检查并对完成不好的同学进行督促。9. 记好班级日志，并在第二天早自习前 5 分钟做一天小结，并交由班主任签字。10. 放学后检查教室的门窗，电源关闭情况。值日班长只要按章执行即可，即使没有管理经验的同学也能驾轻就熟，并逐渐在工作实践中找到窍门，熟能生巧。

那些"自私型"的值日班长也必须遵守规定，不能给玩忽职守留余地。同时班级实行了班务承包制度，班级里有专门浇花的"花仙子"，有专门负责晚自习后锁门关灯的"门神"。班级卫生区划分细致，做到人人有事干，事事有人干。以高二（1）班高洋为例，他管不住自己，上自习时爱说话，值日班长管他时他振振有词，基本上属于屡教不改型。他当了一天的值日班长后，在"班长感言"中写道："当了一天的值日班长，我才知道管理班级太不容易了，虽然很努力，但还是有不尽如人意的地方。今天班级室外卫生被扣了 5 分，我很惭愧，但辛苦我一个，幸福全班人，再苦再累也是值得的。我深深地感悟到今天我若不支持值日班长工作，明天做值日班长时就没人支持我。"就是在这些自主管理活动中，我们的学生一点一滴地发生着变化。

二、教师的培训激励作用

对于"自卑型"的同学，教师还要进行"岗前培训"，给予工作方法上的指导，教会他们如何协助教师和自主管理委员会，如何与同学沟通，在什么时间应该做什么事，如何消除紧张心理，如何应对突发状况等，让他们对即将要做的工作形成一个大致的思路。并鼓励学生放手去做，有欠缺之处及时提醒，做得好的地方及时表扬，让学生觉得自己的工作得到了认可，价值得到了体现，就会渐渐建立自信，乐于参加班级管理。

而对于"自私型"的同学，教师就要做好思想工作，讲清"我为人人，人人为我"的道理，让他们意识到作为班级成员的责任；意识到在自主管理型班级中，不参与自主管理就如同不劳而获；意识到享受着其他同学的给予不能不思回报。事实证明，孩子们愿意为大家服务，在锻炼了能力的同时，也收获了"用我一天的辛劳，换你满意的笑容"的快乐。

三、他人的榜样带动作用

"榜样的力量是无穷的。"在学生中树立自主管理的榜样，让学生不自觉地模仿优秀同学，也是带动学生参与班级管理的一个方法。教师要细心观察、善于发现，只要是主动为班级着想，为班级做出贡献的同学，无论成绩好不好，一律在全班范围内予以表扬，并说清表扬的原因，号召全体同学向他们学习。久而久之，在榜样的带动下，全班同学就会形成健康向上的价值观念，把能够为班级、为同学做出贡献看作是一种荣耀，学生们就会争先恐后地参与到自主管理中来，一旦学生有了积极性，那么一定会有很多创新的管理方法涌现出来。

四、捆绑式评价的约束作用

值日班长的工作既然有具体要求，自然也有评价标准。每位学生在担任值日班长时的表现，都会计入他的个人评价，进而影响到小组评价。这样，不负责任的或者不称职的值日班长和班务承包者就会降低整个小组的得分，组长和组员们自然就会督促那些不参加班级管理的同学修正自己的行为了。这种"捆绑式"评价，强调的是小组成员间"一荣俱荣，一损俱损"，能让他们时时牢记自己是集体中的一员，做事不能再像以前一样只考虑自己而不考虑集体了。

问题 32：值日班长轮流值日过程中，个别值日班长玩忽职守，甚至滥用职权，不能尽到值日班长的责任怎么办？

针对这个问题，我校实行了"弹性管理"制度。每个班级都有自主管理委员会，由全班同学民主选举产生，由班级内热心为同学服务、管理能力强的同学组成，负责管理班级各项事务。每个班都有三个班长：常务班长、值周班长、值日班长。

一般情况下，值周班长是班级自主管理委员会成员，组织管理能力相对较强，有监督指导值日班长工作的责任。值周班长由班级自主管理委员会成员轮流担任，负责指导和监督值日班长的工作，当值日班长出现请假或个别值日班长能力有限、责任心不强。而导致班级出现状况时，值周班长要及时承担起当天的值日工作。每周末，值周班长将本周记录进行汇总，填写班级逐周评价表，对六个小组进行周排名，晚自习后上交政教处做记录。根据逐日、逐周评价情况，每双周评出班级最佳小组，在周一升旗仪式时进行表彰和授旗仪式，让每一名学生都能感受到努力没有白费，老师在关注着我们，学校在关注着我们。

附录：铁力二中值周班长工作守则

1. 值周班长工作目标

负责一周内的纪律、卫生、活动等各项工作，指导值日班长开展工作。

2. 值周班长的工作职责

（1）值周班长提前召开本周值日班长工作动员会，并讨论上周管理中出现的问题，分析上周扣分的原因，提出本周该整改的具体措施，并和值日班长共商搞好班级工作的方案和策略；

（2）每天值周班长配合值日班长做好课间操、眼保健操的督促、检查工作，发现问题及时处理，并找表现不好的同学谈话，帮助其改正；

（3）值周班长负责督促和帮助值日班长做好一天工作，帮助值日班长在体验中成长自己；

（4）主持本周班会。值周班长总结一周来的基础素养评价，并在每周日晚会上公示评价结果，并对一周来的工作进行总结和自评；

（5）协助班委会成员开展各项班级工作。

3. 常务班长为管理团队队长，负责班级的全面事务。监督指导值日、值周班长的工作，配合教师工作，进行日常工作的分配。

问题 33：班级自主管理委员会成员往往也是学校自主管理委员会成员，身兼数职，任务繁多，怎样调动他们的积极性？怎样协调这些学生管理活动和自身学习之间的关系？

要调动自主管理委员会成员的积极性，让他们乐于参与班级管理，首先要让他们认识到参与管理对自身发展的重大意义。比如在服务于同学的同时，自己还能锻炼社交能力、学到管理经验、提升自身素质，是自我发展的一个良好的平台。当然，思想意识的提升并不能完全消解这部分同学管理活动与学习之间的矛盾，因此，我们又在管理方法的科学化方面做了以下探索和尝试。

1. 择优录取。选择学生干部时不一定会选择成绩最好的，但一定要选拔那些品学兼优、学习能力强、学习效率高、肯动脑、会统筹的同学。这些同学能够在教师的指导下，合理安排学习时间，并且他们学习效率高，不需要把所有的时间都放在学习上，经过统筹安排，完成自主管理委员会的工作是能做到的。学期初，政教部门都会组织学生会纳新竞选，参加竞选的同学必须填写竞选申请表。内容包括：个人特长、曾担任职务和相关工作经验、对所竞选职务的打算等，还要另附申请书。竞选结束后由政教部门会同学生代表对参选同学进行比较筛选，有效保证了自主管理委员会成员确实是学有余力的同学。

2. 分散任务，权责下移，轮流管理，不占用学习时间。除了学生自身素质高以外，我们还要讲究科学的管理方法。政教部门把任务下达给学管会，学管会常设办公室，下设六个部作为自己的分支机构，即学习部、生活部、纪检部、体育部、文艺部、宿管部。每一个部门的成员都是各班级负责相关内容的班级自主管理成员，例如学习部的成员就是全校的学习委员。很多工作可以交给部员去做，各级部员还可以将任务进行再分配，这样权责逐层下移，有效地减轻了学管会成员的工作压力。

与此同时，我们还科学地安排学管会同学进行管理工作的时间，一般都在早自习之前、第五节课前、课间、课间操时间、眼操时间，基本不占用学生的学习时间；在学管会内部实行轮流管理，部级负责制，六个部轮流值班，每天一个部进行学管会的日常工作，按照评价细则和工作要求进行各项检查评比，实现轮流管理。具体细则见下表：

项　目	细　则
卫生	1. 早晨 6：55 之前完成班级室内外卫生（室内：走廊、楼梯、窗台、地面、卫生角以及楼梯内对应的垃圾箱等）（室外：地面、垃圾箱等处） —5 分/处 2. 预备铃响起有出入班级者　　　　　　　　　　　　—5 分/人
早自习	1. 有睡觉、说话、打闹、不学习或扰乱同学学习等现象　　—5 分/次
班级管理评价记录情况	1. 不及时进行评价班级（值日班长应每天早晨 6：45 到班级，预备铃响应完成记录本的初步评价工作）　　　　　　　　　—5 分/次 2. 评价本上交不及时（日评价本于每天上午第一节下课后到政教处记录，周评价本于每周周天晚自习 7：30 上交到政教处）—5 分/日评价 —10 分/周评价
每日校服穿着情况	1. 校服上衣未穿者　　　　　　　　　　　　　　　　—5 分/人 2. 校服裤子未穿者　　　　　　　　　　　　　　　　—5 分/人 3. 校服反穿、涂鸦、另类者　　　　　　　　　　　—10 分/人
晨会	5. 不及时召开晨会班级（早晨第二遍正式上课铃响起召开）　—5 分/次 6. 晨会有特色班级如到政教处申请，可酌情加分
课间纪律	1. 班级或走廊内发现打闹、大声喧哗等现象　　　　　—5 分/次 2. 在走廊内长时间逗留者　　　　　　　　　　　　—5 分/人 3. 班级乱用多媒体　　　　　　　　　　　　　　　—50 分/次
眼保健操	1. 不做或不认真做眼操者　　　　　　　　　　　　—5 分/人 2. 在眼保健操结束前走出班级者　　　　　　　　　—5 分/人 3. 在班级门口有留望值周老师、值周学生者　　　　—10 分/人 4. 有全班没做眼操班级　　　　　　　　　　　　　—50 分/次
间操	1. 教学楼内有人者　　　　　　　　　　　　　　　　—5 分/人 2. 跑操未着装校服者，按"每日校服穿着情况"给予扣分 3. 跑操期间如有说话、打闹等现象者　　　　　　　—5 分/人
课堂纪律	1. 有睡觉、说话、玩手机、看小说等与学习无关现象　—10 分/次 2. 有随便出入班级者　　　　　　　　　　　　　　—5 分/人
值周情况	3. 值周班级无值周同学及时站岗　　　　　　　　　—5 分/次 4. 值周同学不佩戴袖标者　　　　　　　　　　　　—5 分/人

3. 要想激发学生干部的工作热情，光靠小恩小惠的物质刺激是远远不够的，应该在精神上和能力上给予足够的"虚拟"奖励。偏重精神奖励，淡化物质奖励。

首先，学管会成员有资格获得锻炼能力的机会。例如开学典礼、联欢会、篝火晚会等学校的大型活动中，学管会成员可优先考虑作为学生代表进行发言或优先成为主持人，提前获得锻炼自己的机会。

其次，成就感奖励。优秀学生干部可优先推荐进入学生党校，在奖学金的评定方面也考虑参与管理的因素，就是要时时处处让学生干部们体验到成就感，看到努力之后的回报，他们的工作热情就会提高。

第三，特色奖励。组织带有奖励性质的"春之行"活动——带领学生干部和优秀小组到郊区远足踏青。同学们席地而坐，亲近山水，在野餐、拔河等精心设计的以团体形式进行的活动中放松身心，愉悦精神。学年末从各年组的优秀小组中评出的优秀个人和优秀学生干部，在炎热的夏季进行太阳岛"夏之旅"活动，徜徉在风景如画的太阳岛，不同年组的优秀学生互相交流、互相学习。同时，学校还组织优秀学生干部进行"秦皇岛之旅"。

另外，每次活动之前，我校都给优秀学生干部家长发大红喜报，都在教学楼前举行隆重的欢送仪式，全校师生参加，校领导讲话，表扬这些优秀的学生，对这些同学们的汗水和努力给予充分的肯定，鼓励全校学生向他们学习，然后在全校师生的目光中，这些优秀的学生雄赳赳气昂昂地踏上旅程。这种氛围极大地激发了学生干部们的自豪感、成就感。

问题 34：学校自主管理委员会成员与个别学生、班主任老师沟通不良，发生矛盾怎么办？

学管会工作是否有效，直接体现了学校自主管理教育的开展效果。

学管会投入管理之后，一定会遇到大大小小的问题，个别同学不配合学管会的工作，违纪之后不愿意履行罚规，与学管会成员发生矛盾；甚至个别教师不理解学管会工作，冷语相向的现象也有发生。针对这些问题，我们是这样解决的：

1. 上岗之前有培训。在学管会成员上岗之前，政教部门要对其进行工作方法、工作机制方面的培训，对于如何检查、如何反馈检查结果、如何与违纪同学沟通、如何向班主任老师通报情况都进行培训。培训形式新颖，力求实效，可以模拟场景，组织学管会成员集中智慧，想出解决问题的办法，并逐渐将工作方法细化、制度化。

2. 每周有例会，反映情况。每周定期召开学管会工作例会，各部部长汇报本周工作情况，及时反馈工作中遇到的各种问题，教师组织全体学管会成员集智解决，学管会成员解决不了的问题，教师帮助解决，让学管会例会逐渐变成学生管理论坛。很多有价值的建议和创新做法都是在例会中产生的。

3. 做好学生干部的思想工作。帮助学生干部在日常工作中树立这样的理念：第一，工作中有问题是正常的，管理工作千头万绪，非常微妙复杂，出现问题在所难免，不必有思想包袱。第二，出现问题之后要积极想方设法解决问题，只要是正常合理的工作，就不能在挫折面前屈服。第三，"吾爱吾师，吾更爱真理。"要在坚持原则的前提下，讲究工作的方式方法，树立学管会工作的良好风气，让学生能够真正地融入学校管理工作当中来。第四，要有自己独立的工作思路，而不是老师指挥下的"傀儡政权"。

4. 政教处做好与教师的沟通，疏导工作隐患。当然，学管会成员熟悉工作程序、锻炼工作能力也是需要时间的，在这段时间里，政教部门要发挥指导作用，向全校教师讲明学管会的职权范围和工作方法，以及学生自主管理的重要意义，与相关的教师做好沟通交流，防患于未然，相信只要是对学生有好处的事情，我们的教师都能够鼎力支持。

问题 35：班级、学校自主管理委员会成员自己违反班规校纪怎么办？

我校学管会在广泛征求了全校同学意见的基础上，制订了详细的《铁力市第二中学个人评价细则》，其中对学生违反校规校纪做出了详细的规定，例如：（1）凡违反学校规章制度者，给班级扣多少分，相应给个人扣双倍分；（2）重大违纪者，学校处理后，回到班级根据家庭公约再次做出处理决定；（3）迟到扣 5 分，上课吃零食一次扣 5 分；（4）上课（包括自习课）上厕所一次扣 1 分；（5）上课（包括自习课）睡觉一次扣 2 分；（6）在教学楼内打手机一次扣 2 分，教室内玩手机（只要被老师发现并开机）一次扣 5 分；（7）私用教室电源一次扣 5 分，乱用多媒体者扣 10 分；（8）把小镜子等化妆品带入班级者扣 5 分；（9）课上做与学习无关的事一次扣 2 分；（10）破坏班级学校公共财产者，按损坏物品的程度给予相应扣分；（11）不上大课间操者每次扣 5 分（病假者除外），不做或不认真做体操或眼保健操者每次扣 3 分；（12）在走廊逗留打闹者，每人扣 10 分；（13）上课串座一次扣 2 分，上课打闹者各扣 10分；（14）考试作弊者每次扣 10 分，并将处罚决定放入学生档案等。如果学生自主管理委员会成员知法犯法，在同学中间造成不良影响，就在原有规定的基础上，扣分、惩罚加倍。

除此之外，该细则还针对学生自主管理委员会成员的工作行为评价进行了详细的规定，其内容如下：

（1）值日班长认真履行职责，一天加 1 分，如评价记录不翔实，一次扣 5 分；（2）值周班长应尽职尽责，要督促好一周内的值日班长，每周加 2 分，但记录指导工作不翔实，一次扣 10 分；（3）值日班长无早自习总结，值日班长与值周班长每人各扣 2 分；（4）班级自主管理委员会成员要各尽其责、各尽其能，每学期每人加 10 分，但如若有工作懈怠之处，每次扣 5 分；（5）小组长、科代表工作非常辛苦，任务量很大，每学期每人加 10 分（语文和外语有晨读，每人加 15 分），但如若有工作懈怠之处，一经查实，每人每次扣 2 分。

制度面前人人平等，无论是谁，一旦违反了全体同学共同制定的规范、公约，都要一视同仁。作为自主管理委员会成员，就更要提高对自身的要求。

除了常规的处理方法之外，对于违纪的自主管理委员会成员，还要在学管会内部进行一定的处罚。比如，首先要在学管会大会上深刻检讨，并主动退会，取消本年度一切评优资格，取消本年度奖学金评奖资格。如果经过一段时间的反省，能够改正错误，想重新进入学生自主管理委员会，就要在下一年度学管会纳新时重新参加考试竞聘，如具备了进入学管会的资格，可以重新进入学管会。我们对违纪学生干部的惩罚不是全盘否定，而是督促他们反躬自省，给他们改正自己错误的机会。

问题 36：学生不在乎课堂评价结果、自主管理评价结果和相应奖惩，怎么办？

学生不在乎评价其实就是厌学心理的一种表现，学生出现这种厌学心理，与一些高中学生长期的荣誉感缺失有密切的联系。因此，要想树立评价在学生心中的重要地位，就要加强对学生的荣誉感教育，让每个学生都能从学校的德育体系当中体验到成功的愉悦和荣誉的自豪。

铁力二中在学生的荣誉感教育方面采取了一系列措施，构建了荣誉教育框架。为全面实施素质教育，学校提出在学生管理上，以"荣誉教育"为突破口，加强研究，注重实效，全面拓宽德育途径。在德育上以

"荣誉育人，育有荣誉感的人"为指导思想，使师生树立"走进校门，我以二中为荣；走出校门，二中以我为荣"的理念。在智育上以"不求人人成才，但求人人进步"为学业指导思想，促使全体学生逐步由"要我学"向"我要学"转变。在劳动观念上进一步强化"劳动是幸福的源泉，劳动是通向自立的道路"的思想教育，不仅培养学生的劳动观念，还在学生中树立劳动不只是一种态度、一种习惯，更是一种重要的能力，热爱劳动是基本的道德规范的思想教育。通过创建以"健康第一、全员参与、身心并进、终身体育"为内容的体育特色，以及倡导"张扬艺术才能，发散师生思维"的艺术思想，使学生既注重了体育艺术教育，又发展兴趣爱好。这就是起初的荣誉教育模式。

心理学告诉我们：人都有态度定式，即个体由于过去的经历，对面临的人或事具有某种说不出多大理由而较执着的肯定或否定的内心倾向。它常支配着人对事物的预料和评价，也支配着学生对教师、对学校的积极态度和认同。"在有诸多荣誉的学校、班级里，我更容易成功成才。"即荣誉和态度影响着学生是否接受有关的教育教学信息及接受的质量，也是教师教育教学效率的一个重要保证。教育学理论还告诉我们人的需要决定着行为，在物质需要基本满足的情况下，精神需要尤为重要。

教育评价的基本价值和目的本来是一种激励，能调动学生积极性，并且起到诊断调整教育教学及选拔甄别的作用。然而，传统的单一的评价是不利于人才辈出的，它提供的是不合理的生活、学习环境，长期使用会产生一批所谓的"差生"，因而不能真正实现学生全面素质的发展。

我校在实践荣誉教育中，积极探索对教育教学评价的改革——采取多样的荣誉性和鼓励性评价，并在教育实践中不断改革和改进，使教育教学目标与荣誉教育有机结合。学生在校的学习，其实是一种精神需要的满足。为此我们把精神需要具体化：把荣誉教育中的荣誉分成集体荣誉和个人荣誉。集体荣誉包括质量荣誉、管理荣誉、社会荣誉、年级荣誉、班级荣誉等；个人荣誉分品德、纪律、礼仪、学习、科技、体育、艺术、劳动、卫生、安全荣誉。以此为框架，在教育模式上采取由小到大，由低到高，分步实施的逆向工作方式，通过定期开展，周期循环，逐项落实，逐层提高，达到教育的目的。日常的教育教学同荣誉教育有机结合，以此调动所有师生实践荣誉教育的积极性，促进荣誉教育向高层次发展。

一、拓展荣誉教育，激励学生进步，提高德育的实效性

德育活动的一个重要方面就是发挥宣传的作用，如何通过宣传树起学校在社会上的整体形象和全体学生整体成功的荣誉感就很有必要。起初，我们是通过校媒体、板报、橱窗以及举办教育教学成果展示，营造"我是二中的一员而自豪"的校园氛围，并优化了良好的社会育人环境；同时各项校级及以上活动成果在校内展示并记入校史，为全体学生树立了"有荣誉必争"的信念；学校处室、年级组、班级围绕荣誉教育，广泛开展教育教学活动，全方面、全方位地为全体学生树立"荣誉属于我"的信念；定期举行的"走进校门，我以二中为荣；走出校门，二中以我为荣"的系列教育活动为荣誉教育长期进行提供了充分的保证。我校还对师生的荣誉，尤其是正能量的荣誉进行放大，以荣誉激励更高层次的荣誉的争取。

实践荣誉教育必须不断开辟途径。情感交流、行为示范、竞赛评比、自我教育、思想品德评价、优化环境、陶冶情操等是德育传统的有效教育方法，如何将这些教育方法与荣誉教育融为一体从而全面实施荣誉教育，是我们考虑的工作重心之一。

细化荣誉目标，保证教育活动的参与率。班级结合日常教育教学进行集体荣誉引导、评比，设个人、班级荣誉评比台。学校借助政教处、团队开展各项活动，建立思想品德、社会实践荣誉档案（参与、态度、效果），以荣誉的多少、层次考核学生的思想品质；并结合在班级中获得的荣誉，产生出校级乃至更高层次的各类荣誉之星，构建学生荣誉教育层次网络，切实保证时时处处对学生进行荣誉渗透；同时，学校设立荣誉室、荣誉墙，学期末发布教育教学成果，形成"向二中荣誉致敬"的良好氛围。

科学考核，保证荣誉有足够的含金量。班级每周举行一次周会，进行一次自评和互评活动，并设立荣誉角，以激发学生的个人荣誉感，培养学生自我约束的能力；学校每周一次的班级流动红旗评比和公示，激发了学生的集体荣誉感；每月进行一次星级学生评选，并实施 A（班级）、AA（校级）、AAA（校级以上）和晋级制，考核结果在班级十星级学生达标台上展示，记入个人档案，增强了学生荣誉感。在养成教育过程中，既注重培养学生良好的行为习惯，又培养他们的荣誉感和上进心。规范荣誉教育措施。通过学生会在学生中管理的优势，调动学生干部的积极性，以此培养学生的自我管理、自我约束的能力；引导全体学生走好"自我教育、自我分析，自我设计、自我体验，自我制约、自我实践，自我评价、自我完善"的自我教育"四部曲"，树立自信、树立形象，为自己的成长之路增添闪光点，注入动力。

强化德育实践活动，为学生提供展示机会。德育实践的主阵地设在校园内外的精神文明建设之中，以此培养学生的公民意识、文明意识。双休日、寒暑假，我们组织学生开展多种形式的，以关心他人、奉献社会为主要内容的社会实践活动。如：文明楼道工程、"今天我当家"、"五个一"、"我眼中的社会"，以及一年一届的科技节、艺术节、体育节、读书节、辩论赛、主题班队会展示、学生干部竞选、学生（团队员）代表大会等，不仅注重活动实效，还从活动中培养学生的集体荣誉感和个人的成功感、荣誉感。培养主动适应社会的人是我们实施荣誉教育的又一个出发点。

德育的实效性还在很大程度上体现在是否能促进教育教学。为此，我们在实践荣誉教育的同时，提出"十星级学生达标"，并与学年教育教学目标结合，使荣誉教育自始至终不脱离实际。礼仪规范和传统美德教育月（三月、九月）同时评选文明学生、道德星、纪律星、礼仪星；学生习惯、创新与成才教育月（二月、十月），依照学习习惯考核、作业质量检测及在期中、期末考试中的变化，评选学习星（学习技能之星、学习进步之星、文学之星等）；开展科技节、体育节及运动会、文化艺术节活动，同时评选科技星、艺术星、体育星；日常的理想教育、法制教育、传统美德教育及劳动观念教育中，则强化和拓展道德星、纪律星、礼仪星、劳动星评选范围；每学期末都评选"三好学生"、优秀学生干部，学习方法优秀学生等，并依据学生的愿望扩大了比例，为所有能获得荣誉的学生铺设了平台，从学校的角度去赏识学生；并通过家教论坛、评选"教育有方优秀家长"等活动，引导家长在家庭中也去赏识自己的孩子。

二、以荣誉的激励作用，促使教育教学良性循环

实践荣誉教育，应多给学生一些成功的机会，重在鼓励，塑造人格，帮助提高。科技、社会实践等形式多变及难以定量的活动，则既重形式又重设计，不求统一，只要有创新就是优秀成果，由此形成了融洽的师生关系。只有学习好才会有荣誉的传统被打破，班级开展的"文明学生""日常行为规范达标""雏鹰争章""十星级学生"等活动，为每一名同学获取荣誉都提供了机会，为荣誉教育的全面性、广泛性、深入性提供了可能，也保证了教育教学的良性发展。

自荣誉教育框架搭建以来，铁力二中先后获得国家和省市学习科学、校园文学与素质教育以及德育、体育、英语、心理健康教育等"实验学校""特色学校"和"示范学校"等荣誉称号，2000 年至今，学校连续获地级省级规范化学校、先进学校、文明学校以及先进党支部、先进团委等荣誉称号，这无形中又成为学校发展的新动力。

以个人荣誉的获得，巩固班级荣誉；以班级荣誉的维护，促进学生个人的成长；以班级荣誉的形成，奠定学校荣誉的基础。这就是实践主体德育－荣誉教育对我们有益的启示，也是德育实效性较为理想的科学循环。

德育原本应该是学生自己的事情，如今，我们只是了解了学生在物质生活日益丰富后的精神需求，设计并构建了荣誉教育。如何从学生的实际出发，帮助学生制定自己的，符合品德规范、适应社会需要的德育目标，使德育成为学生自己的内在需要，使学生成为德育的主人，真正让我们的教师成为学生德育的引导者、促进者和合作者，还需要我们进一步探索。那时，我们开展的德育教育就会更有效，更针对学生的需求，荣誉教育也会展示出它更大的魅力。

附件：课改让师生飞翔

放手让教育深厚　自治使精神卓拔

——"1＋3"课堂教学模式下学生的自主管理

苏霍姆林斯基说过："真正的教育是自我教育。"英国哲学家赫伯特·斯宾塞在《教育论》中也指出："记住你的教育目的应该是将他培养成一个能够自治的人，而不是一个要别人来管的人。"

我们的学生大多来自周边乡镇，中考成绩 300 分以下的学生占 15％，300—400 分的学生占 40％，我校也被戏称为"四类高中"。即便是我带的相对较好的班级，中考成绩 500 分以上的也不超过 10 人，最高分也只有 540 分。这些孩子的自制力差，没有养成好的学习、生活习惯，甚至缺乏基本的与人沟通交流的能力。这样的孩子，最需要的是自制力，但最欠缺的恰恰也是自制力。他们能自我管理好吗？我想在座的同仁心里都有这样的疑问。下面，我就把我在学生自主管理方面的一些做法整理成文，以飨读者。

一、自主管理离不开激励评价

针对学生自制力差这一问题，我没有采取"堵"的强硬做法，而是分析他们自制力差的背后原因。这些孩子一直以来都是被管理、被教育、被"专政"的对象，如果仅仅靠加强管理力度和惩处力度来治理，只能治标，但达不到治本的效果。我以小组评价为突破口，从养成教育的角度出发，帮助学生逐步改掉学习、生活、人际交往中的坏习惯，形成积极、健康向上的健全人格。

（一）团队机制建设

1. 组合、培训学习生活小组

新生一入学，我就把学生按照组间同质（各组整体水平相当）、组内异质（小组内好、中、差搭配）的原则分配为六个小组，设组长和副组长。可以说这个小组既是学习小组又是生活小组，以后的学习、卫生、纪律的评比都是要以小组为单位的。从军训开始，我就培养学生的团队合作意识，无论什么活动，都是以小组为单位参加评比，在评比中淡化个体评价，强化小组评价，在军训结束时评选出优秀的小组给予表彰奖励。这种"捆绑式"评价，强调的是小组成员间"一荣俱荣，一损俱损"，目的是让他们尽快地融入集体，时时牢记自己是集体中的一员，做事不能再像以前一样只考虑自己而不考虑集体了。

说到这里，有一件事给我留下了特别深刻的印象。我们班有个叫东东的孩子，他是个体育特长生，活泼好动，平时对自己要求不太严格，有一次滑楼梯被学生会的同学巡视时发现，在全校班级评价表中被公示出来了，这件事给全班抹了黑，他没想到自己的一个举动会有这么严重的后果，他就觉得有点儿对不起全班同学，上课时情绪非常低落。他的组长发现了这个情况，就和其他同学商量帮助他，于是同学们主动请求为学校劳动，全班学生牺牲了午睡时间，提前一小时到校劳动。就在全班同学劳动的过程中，这个孩子楼上楼下跑着打水，干活特别卖力。当评价板上出现表扬加分时，全班的学生都沸腾了，双周放假孩子回家后，孩子的妈妈给我打电话说："鲁老师，孩子回家还在反思自己呢，说以后再也不能做让全班丢脸的事了，否则就太不讲究了。"从这件事中我们可以看出，同学们的帮助比老师强硬的批评教育效果要好得多。

这种小组评价使得自私自利、特立独行等独生子女常见的性格缺陷得以弥补，学生之间逐渐形成了精诚团结的合作意识。通过小组互助，学生们学会了关心他人、信任伙伴，这些都是他们日后社会生活中必不可少的品质。

2. 组建班级自主管理委员会

"人最大的敌人是自己，战胜自己就战胜了全世界。"我们班有家庭公约，有自主管理委员会；班级设有三个班长：常务班长、值日班长、值周班长。

常务班长负责班级的全面工作，值日班长由全班同学轮流担任，每个学生都有当班长的机会，可以锻炼其管理和处事能力。在担任值日班长的这一天，同学要按照值日班长职责（值日班长十件事）履行任务。值周班长由班级自主管理委员会成员轮流担任，负责指导和监督值日班长的工作，这样学生的自主管理就有了弹性保障。值日班长在第二天早自习的前五分钟对全班同学前一天的学习、卫生和纪律情况进行全面的总结和评比，每天都进行小组排名，产生最佳小组，组内评出最佳个人。每周末值周班长将本周记录进行汇总，填写班级逐周评价表，对六个小组进行周排名。

事实证明，孩子们愿意为大家服务，在锻炼了能力的同时，也收获了"我为人人，人人为我"的快乐。我们班的洋洋是个性格外向的阳光男孩，他管不住自己，上自习时爱说话，值日班长管他时，他振振有词。他当了一天的值日班长后，在"班长感言"中写道："当了一天的值日班长，我才知道管理班级太不容易了，虽然很努力，但还是有不如人意的地方，今天室外卫生给班级扣了 5 分，我很惭愧，但辛苦我一个，幸福全班人，再苦再累也是值得的，我深深地感悟到今天不支持值日班长工作，明天做值日班长时就没人支持我。"就是在这些自主管理活动中，我们的学生一点一滴地发生了变化。

（二）激励机制建设

所有的老师和家长都有一个共同的感受，孩子越大越不服管教，喜欢顶嘴，实际上用教育学和心理学的观点分析，高中的孩子正处在人生第二次反抗高潮，他们经常凭自己的好恶来对待人和事，都希望获得成功的体验，尤其是渴望成为同龄人中的杰出者。这时激励就显得尤为重要了，我们班的每一个任务、每一项活动都有布置、有检查、有验收、有评比、有反馈，在这些累积中评出优秀小组、优秀个人参加我校的"春之行""夏之旅"活动。

我坚持"用小组评价改变学生，用激励措施督促学生"的自主管理理念，学生逐渐树立了"为小组增光，为班级增光，为学校增光"的意识，也就离我们最终要达到的"孩子有为自己增光，为家庭增光，为社会增光的理想"这一目标更近了一步。

二、自主管理离不开文化熏陶

爱默生说："文化开启了对美的感知。"为了将"捆绑式评价"的自律内化为精神上的自觉，我特别重视文化的熏陶作用。

（一）注重外显班级文化，提升学生高雅审美情趣

1. 宿舍文化建设

我们班有将近 80％的学生住宿，孩子们每天班级、宿舍、食堂三点一线，学生的宿舍就是孩子们的家。开学初，我就走进宿舍和孩子们一起布置这个"家"。我们班的学生宿舍颇具文化色彩，三个女寝室都有自己的名字，雅馨阁、静文苑、舒服家，男寝室名字是凌轩阁，整个寝室呈现出家庭般温馨的氛围。

2. 班级文化建设

走进我们班级，前黑板上方贴的都是我校的教育理念："快乐学习，

幸福人生",后面黑板的上方是"勇于质疑、勇于展示、勇于创新"。高中的课堂应该是有书卷气的,我们班的一面墙都是长长的四层高的书架。更有特色的是走廊,我们的文化墙最醒目的内容是班名、班徽,各小组组名、组训,那是同学们反复研究、反复推敲、最后商定的结果,我们班的名字是赫彧班,班会课上,同学们根据奥运歌曲《站起来》自己填词创作了班歌《炫舞台》:"炫舞台,我们青春新气脉,拼搏绽放着光彩,汗水流过已化尘埃,风雨过后阳光在。炫舞台,我们心系着课改,交流研讨乐趣在,展示释放我们精彩,青春梦想不言败,但愿你看见我们赫彧班的风采;不怕命运的主宰,坚持拼搏我们一起等待花开,终有一天赫彧因为我们而精彩。"这些都是集体智慧的结晶,那里面有全班同学的美好愿景,更重要的是在创作的过程中,孩子们的心靠近了,班级凝聚力加强了,它胜过老师的任何枯燥的说教。

(二)参加多样文化活动,用丰富的集体生活感化学生

班级文化的载体主要是各种各样的集体活动。因此,作为班主任我从来都是积极地支持学生参加我校的课外活动,在活动中,我充分发挥学生的主观能动性,创造条件,让学生自己组织,主动参与,寓教于乐。

康德说过这样一句话:"道德是教育的最高和最终的目的。"我和大家说说我们班的家长会吧。2011 年 12 月 9 日我校召开了家长会,我们班的家长会是由学生设计主持的,第一个环节是主持人致感恩欢迎辞,第二个环节是介绍我们的学校,第三个环节是班主任和家长交流,第四个环节是和父母说说悄悄话。每个同学都给自己家长写了一封信,用信封装好后放了了桌子上,有几个家长在班里看信时就流下了眼泪。小琦同学给家长的信中写道:"天下没有一位父亲或母亲嫌弃自己的儿女,作为你们的女儿,我很骄傲,你们是世界上最爱我的人。爸爸,我感谢你把我送到高中,送到市二中来。在这里老师对我好,同学们也都很友好,这是以前都没有过的感觉。自从来到了这里,我觉得我的思想有了很大

的变化。想想过去，我觉得一切都是那么的幼稚，我知道您的不容易、您的艰辛，我会用我的行动去报恩。看着你们一天天变老，岁月在你们的脸上也留下了痕迹，我想，无理取闹的年龄过去了，该懂事了。"

感恩之心是人类最美好的情感，一个有感恩之心的人，一定是一个善良的人，真诚的人，幸福的人，一定是一个心灵澄澈、灵魂高贵的人，所以说最好的道德教育是感恩教育。学生们就是在这样的系列活动中渐渐地被熏陶了、被感染了和被教育了。

我国著名教育家陶行知说过："千教万教教人求真，千学万学学做真人。"对于我们普通一般高中的学生来说，在成才之前要先学会做人，只有道德品质达到了某个层面，才能真正成为一个有益于社会的人。通过自主管理的一系列实践，这些孩子显示出令人惊讶的巨大潜力。我们的学生变得会合作、有爱心、孝敬父母、尊重他人，在大庭广众前敢于侃侃而谈，表达自己的观点；在课后能够自我反省，改正自己的缺点，在人格健全的同时也收获了自己的人生。就像在省教育年会上我们班的石天玉同学在全省 200 多所普通高中的校长面前代表全校同学发言时说的那样：给我一片天空，我将快乐飞翔。

（鲁仁婷）

爱心唤起沉睡的心灵

——我的班主任故事

还记得刚刚迈入班级的那一刻，我暗自下定决心，一定要把这个班级管理好！因为我还年轻，能和他们一起玩、一起学习、一起成长。我在第一次班会上告诉学生，我们的班级就是一个大家庭，我是他们的大家长，以后在这个家庭中，无论大家遇到什么样的困难，都不要对我隐瞒，我会像他们的亲人一样照顾、陪伴他们。

我热情洋溢的讲话，让很多的孩子都很感动，尤其是一些女孩子都用亲切的眼神看着我，可这个时候，我却听到一个嗤之以鼻的声音，我低头看见了一个男生用着那种不以为意的眼神看着我，我心里有些不舒服，但并没有表现出来。紧接着我为学生们分座位，他被分到了班级的最后一个座位。当我念到了他的名字和要坐的位置，他立刻站了起来，面红耳赤地说："凭什么是我坐最后一排？我不坐。"我一下子愣住了，没想到第一天就会遇到这样的问题，我有些措手不及，但是，我仍旧温和地对他说："这在咱们学校，可不是被遗忘的角落，这是我们离学习最近的地方，等真正上课的时候，你就会明白了！"听我这么说，他稍微平静了一些，但仍旧很不情愿地坐在那里。

开学没多久，这个孩子每天都是大错、小错不断，同事们劝我找家长来，但是我没有找家长，我觉得，教师是专业的教育者，教师遇到问题首先想到的是想办法解决，而不是把责任推到家长身上，甚至批评家长，激化师生矛盾。再说，班主任解决不了的教育问题，很多家长更解决不了，所以，如非必要，我不找家长，甚至有些时候我还会善意地向家长隐瞒，想让犯错误的同学及时改正，让父母自己看到孩子的成长。

可是这个孩子真的是挺磨人。每一次犯错，他总是有千万般理由，为自己推卸责任，不肯承认错误。一次晚自习，我进教室的时候发现他没在班级，给他打电话，电话也打不通，我很担心，就直接拨通了家长的电话，告诉家长孩子没来，并且让家长明天来学校一趟，而家长却说，孩子天天在学校，学习任务那么重，还不能有点事情耽误一下？再说，孩子交给你了就应该你管。我说确实应该我管，但是孩子缺席了，可能会关系到他的安全问题，家长应该配合老师啊。

家长又说，我孩子犯什么错误了啊？我说一两句话说不清楚，您还是来学校面谈吧。家长又说，那就是我孩子犯的错误太多了呗，犯这么多错误你才告诉我们，为什么一开始没有告诉我们啊……听了这些话我无语了，无言以对，在我看来对孩子的一片苦心，对家长的一份理解在家长眼中却成了不负责任。

但是我还是耐心地说，确实是如此，但是我们也得给孩子改过的机会啊，不能动不动就找家长，可事关孩子的安全和成长我不得不跟您沟通啊，所以请您体谅。我说了这些之后，家长也慢慢平静下来，说，行那我明天去看看。放下电话，没多久，孩子回来了，却是带着一身酒气，听说我给他父母打电话了，马上就躺在了地上，手脚并用，嘴里哼着，我不行了，我难受。很明显的是装的，可我好话说尽，他就是打着滚不起来，一副无赖的样子！我站在旁边，手气得直抖，可是他依旧在无理取闹。我的眼泪就在眼圈里打转，我握紧拳头，拼命地告诉自己，不能哭，哭了就等于失败了，一定要冷静下来才能解决问题。我深吸一口气，平静了一下情绪，对他说，既然你这么难受，老师给 120 打电话吧，也让你的父母立刻赶过来，送急诊抢救吧！他一听，马上说，老师，我没事，我这就是胃痉挛，过两分钟就没事了！说罢，他便站起身来没事人一样大摇大摆地回寝室了。当天晚上我气得一夜没睡，心想一定要把他开学以来的这些错误都和他家长一样一样地说清楚，让他们清楚地知道孩子在学校的表现！

第二天，孩子的爷爷来到学校，出乎我的意料，还没等我开口，他的爷爷居高临下地把我的"罪状"列数了一遍，最后说，这么年轻当什么班主任啊，不能干就别干！听着他处处包庇着孩子的话和数落的声音，我心里涌上了一阵阵的委屈和辛酸！这样一个孩子，我一次次地包容着他的错误，一点点地教育他好好做人，可换回的竟是这样的指责！或许是他的无理取闹激起了我的灵感，我反倒是平静了下来，我笑着打断了他，说，大爷，我听了你的话，发现了我们有个共同的目标是一样的，就是咱们都想让这个孩子越来越好！我真感谢你给我了提了那么多的宝贵意见，对我以后的工作肯定会有很大的帮助！听了我的赞赏，他也许有些意外，便抬起了头，我接着说，我今天让你们家长来，不是向您告状的，而是我发现了孩子的一些问题，我想和您共同探讨一下，看咱们有什么好的办法开展家校合作，改变孩子，让咱们孩子能更加优秀！大爷，你想，单凭我一个人的力量是不够的，毕竟孩子在家和学校的时间各占一半，我想咱们常沟通、互相帮助，教育方向达成一致，这样肯定能有事半功倍的效果！听了我话，他沉默了一阵儿，然后开口说，这孩子啊，我们也了解，确实有不少毛病，让老师你费心了！你说的这个办法好，以后我们一定和老师配合。看着他的态度有所转变，我便把孩子存在的几个问题，耐心地和老人家——讲起，这些问题会对孩子有什么样的影响，并且提供了解决的办法。他边听边点头，最后特别满意，也感觉到学校对孩子们的认真、负责！

　　看着他离去的背影，我深深地意识到，在我们学校，不仅仅是孩子难教，与家长也很难沟通。他们平时忙于工作，将孩子留在家中让年迈的老人抚养，不关注孩子们的成长，而在孩子出现问题的时候，却又觉得都是老师的责任，沟通起来特别困难！但是，不论是什么样的家长，孩子都是一个家庭的明天，他们都是希望孩子更好地发展！所以，只有把握住这一条，让自己成为家长的同盟军，以真诚和平等的态度对待家长，取得他们的信任，争取他们最好的配合，共同探讨对孩子最佳的教育方法，这样才能达成共识，达到共同的教育目的！

　　待优生固然让人头痛，班级管理中的突发状况却更让人措手不及。班级里每一天都有可能发生这样或那样让你啼笑皆非的事情，让刚刚加入班主任队伍的我无所适从。由于特长生培养的需要，高二时，年组重新分班，我还沉浸在我的得意门生离我而去的伤感中，新组建的班级里却早已出现了不和谐的声音。新分过来的一个女孩子，是个大胖丫头，特别叛逆，在整个年级组都是"首屈一指"的！她指着我，公开地叫嚣："你不是好班主任！我不愿意在你班，我要换班。"其实我心里明白，她是嫌我要求太严，但要求严是对他们负责，我又怎么能答应她如此无理的要求呢？再说，学校有明确的规章制度，她最终自然没有调成。

可我的麻烦随之而来，事实表明，这个孩子名不虚传，不让调班，她就天天违反纪律，上课趴在桌子上睡觉，谁跟她说话她就冲谁去，态度特别恶劣。她还屡次顶撞老师，新毕业的老师被她气得哭着跑回办公室好几次，一时间简直连课都上不下去了，再加上班级刚成立，本来就不稳定，一些待优生跟着她煽风点火，把班级搅得乌烟瘴气。我相当恼火，但一时又没有好办法，只能尽量协调其他同学。每天我都是硬着头皮踏入班级的，有时甚至在心底祈祷她瞬间变好。工作以来自信满满的我第一次遇到了 hold 不住的窘迫，因为她根本不在乎我。刚强的我在人前装着不在乎地说："小样，早晚逃不出我的五指山。"白天看着她胡作非为却无能为力，在深夜里还要聆听他父母向我历数她的叛逆。束手无策的家长让我一下子认识到，我不能继续无所作为了。

大约两周后，我试着和她沟通，任凭我如何苦口婆心地开导她都无动于衷，最后，她说了一句令我至今难忘的话："不要以为学生都喜欢你，我就不喜欢你。我那么喜欢数学，可为什么是你教呢！"听了她的话，我的眼泪一下子流下来了，那一瞬间我几近崩溃。我做错什么了？我那么认真地努力工作，却让一个孩子这样敌视我。

我又一次败下阵来。但是越挫越勇的我更加坚定了我要转化她的决心。我请教了我们学校的政教主任鲁仁婷老师，她听完我的叙述，真诚地提出了三个意见：

1. 学生说的是实话。你爱岗、敬业、责任心强，管理班级严格到位，这些在你来看都是你的资本，可是你忽略了教育主体——学生的差异，有些学生就是不喜欢被管束太严，这一点要理解。

2. 不要要求学生都喜欢你，你不可能做到人人都满意，当然我也不可能，只要让大多数人满意即可。

3. 个性这么强的孩子，你要善待她。她不是说他喜欢数学吗？每个学生都有着与众不同的一面，都是一块玉石，你要像一名高明的雕刻家，因势利导地把他雕刻成独一无二的宝玉。千篇一律、千人一面的教学方法是班主任大忌。她不喜欢你，你去喜欢她，更要善待她，石头都能捂热，何况是这样一个大活人？

鲁老师的话字字撞击着我的心灵。每一个学生都是一个与众不同的小宇宙，我以前从来没有想过如何去激发这些小宇宙，却立志把他们打磨成平整的小石头，有棱角的统统磨去，有瑕疵的一概剔除。那样经我教育的学生岂不是成了批量生产的教育产品，何谈个性素质的发展呢？我觉得我开始真正窥到了教育的更高境界。

经过自己激烈的思想斗争，我心态平和下来，我看她的眼神不再带着挑剔，而变得柔和；说话的语调不再是盛气凌人的，而变成温和的。表面上我对她做了冷处理，私下里我和他的家长沟通，仔细研究了她从小学以来的经历，分析得出：她是一个非常聪明、要强的学生，因为胖所以自卑，总想用那些犀利的言语去保护自己。我破天荒地给了她机会：满足她当数学科代表的愿望，虽然我仍旧不信任她会配合我，乖乖完成科代表的工作，但我愿意接受这个挑战；二是告诉她，如果真的不喜欢我，想转班，我可以答应，甚至还可以跟学校去争取。她吃惊地看着我，似乎认为我在忽悠她。我说，你要相信咱们胖人都有个共同的优点就是都是老实人，说话是会算数的！她被我的话逗笑了，此后，她经常问我题，我会在课上她为同学们展示之后热情地鼓励她，课下和她交流更好的解题方法和讲题技巧，让她成为数学课上最闪耀的明星！我也会在孩子们开她玩笑说她胖的时候，义正词严地说："真伤心，原来你们都不喜欢我这个班主任啊，你们都嫌我胖啊！"孩子们听了，都吐着舌头，笑着说喜欢，我便话锋一转说："看你们以后谁还敢鄙视我们俩！"一段时间之后，在一次我们班级以"感谢"为主题的班会上，孩子们纷纷表达了对父母、对朋友的感谢！最后她站了起来说："这么久了，我真的很想感谢一个人，也要向一个人道歉！"她转向我说："老师谢谢你！我那么对你，你都没有放弃我，对我这么好！我为自己当初的任性向你道歉！"我没有预料到我真的等到了"金石为开"的一天，以往她怎么找我的麻烦我都没再流过的眼泪，在那一刻倾泻而出，我突然觉得，孩子的心灵是最澄澈的，只要你倾注全部的爱心，没有教育不了的孩子。班级里响起了为我们喝彩的掌声！

两年多的时光一晃而过，这当中发生过的许许多多或快乐或感动的事情我已经记不清了。我只知道：我的苦心没白费。虽然这两年中她还是给我惹了不少麻烦，但教育毕竟是一件相当漫长的事，让她真正喜欢自己也是需要长时间的。今年教师节，她给我发了一条短信："我这样的学生你都能搞定，放心，以后不会有比我难缠的了。"

"精诚所至，金石为开。"班主任在工作中，若能用真心去征服学生的心，用真爱去唤醒学生的感知，对学生的独特与差异皆以诚相待，以朋友、亲人的身份相交，必能拉近师生关系。增强教育感化力量，必能收到感化"金石"的效果。

现如今，我仍是一名还没有带过完整一届学生的年轻班主任，我和我的学生们正在高三这个冲刺的阶段一起努力奋斗着，我相信，在经历过高中这三年的风吹雨打后，我们都会在人生风雨中茁壮成长！

（齐　新）

给我一片天空　我将快乐飞翔

——"365自主管理"优秀学生干部代表在
黑龙江省教学年会上的发言

中国古代有这样一句话："学海无涯苦作舟。"对于每一个经历过高中生活和正在经历高中生活的学生来说，都深深懂得这句话的滋味。可是在铁力二中，在我们的课堂上，我们这样一群曾经并不优秀的孩子却由衷地感受到了"学海无涯乐作舟"。在这里，我们得到的是从未有过的被关注、被信任、被尊重、被认可；我们从小学到初中，从未有过这样敢于展示、敢于质疑、敢于在人前表达自己想法的机会；在这样的课堂上，我们第一次体会到了尊严，找到了自信，第一次看到了合作的力量，第一次意识到了自己的价值，第一次心中充满了感恩。我们每一个学生的心中都有千言万语想和亲爱的学校、尊敬的老师表达，在此，我就学习和成长中的三个话题向各位来宾作以汇报。

一、因信任而感动

陶行知先生曾经说："你的教鞭下有瓦特，你的冷眼里有牛顿，你的讥笑中有爱迪生。"我们也许不能成为瓦特、牛顿、爱迪生，但是二中的每一位老师却都给予了我们足够的尊重、信任和理解。作为二中的一名学生，我深深地感受到，老师对我们的尊重和信任是一种巨大的鼓舞。

刚走进学校的时候，在初中时备受冷落的我们还不能适应新课堂教学的要求，我们不会做导学案，不会预习，不敢展示，甚至站在黑板前面红耳赤、不知所措，但是我们内心深处都渴望得到老师的认可与夸奖，希望自己的导学案能得A级。于是，我们要么到参考书上摘抄答案，要么就抄写A级同学的导学案，实在没办法，干脆就空在那里，说不会做，甚至排斥到板前去"出丑"。

老师们深深理解我们这些学生学习上的难处，没有声色俱厉地批评我们，而是从学校实施课改的初衷讲起，让我们明白，这样的课堂就是要让我们这些基础差、底子薄的学生在课堂中学有所得。于是一科科老师从预习的方法讲到导学案的做法，从研讨的方式讲到紧张心理的调整，从阅读教材的习惯讲到整理笔记的方法。有的老师甚至将自己上高中、考大学的过程，克服学习困难、不懈努力、一路前行的人生感受和经历讲给我们听。我们和老师之间的距离一下子拉近了，老师对我们说得最多的一句话就是："不管你过去的基础如何，不管你在初中的表现和习惯如何，不管从前别人对你们的评价如何，从现在开始，你们是老师眼里最棒的学生！"这是老师们对我们每一名学生最有力的信任，也正是这份信任，我们在课堂上变得敢说话了，更重要的是敢说心里话，说真实的想法，我们不怕说错，因为在二中，只有真诚的交流、耐心的指导，没有嘲笑和歧视。

二、因竞争而成长

爱因斯坦说："如果把学生的热情激发出来，那么学校所规定的功课就会被当作一种礼物来领受。"我一直觉得这句话不现实，从小到大，学习都是头悬梁、锥刺股般的痛苦，怎么称得上礼物呢？但是"1＋3"课堂教学模式，秉持着"乐本教育"的宗旨，却让我们的学习变成了一件无比快乐的事，开放的课堂让我们每个人都燃起了求知的欲望，燃起了自信的火种，燃起了竞争的意识，让我们对学习产生了前所未有的热情，让我们在一种轻松愉快的氛围中学习、成长。

这得益于我们的评价机制。在评价机制的激励下，班级内部形成了靠实力说话的公平竞争风气，每一节课都让我们激情澎湃，每一节课我们都想做得更好。数学课上，小组之间的质疑、生成经常会碰撞出智慧的火花，有时甚至会因为一个问题争得面红耳赤；语文课上，大家争相推陈出新，你旁征博引，我文采斐然，甚至为了给大家更直观的感受，还把课本变成小话剧，把课本人物演绎得活灵活现。

我们因此爱上了学习，爱上了课堂。我们享受着那份智慧碰撞出的火花，我们享受着为了共同的荣誉并肩战斗的喜悦，享受与"对手"共同成长共同进步的紧迫感与成就感，我们更享受学习带来的巨大快乐。我们更加理性地看待竞争中的成功和失败，在竞争中我们体验到了逐渐成熟的喜悦和快乐。

三、因合作而共赢

萧伯纳说过："假如你有一个苹果，我也有一个苹果，我们交换，你和我也只有一个苹果；假如你有一种思想，我有一种思想，而我们彼此交流这些思想，那么每个人都各有两种思想。"

《礼记·学记》上也讲："独学而无友，则孤陋寡闻。"其实，无论一个人有多么优秀，他对问题的认识总是有限的，但众人的智慧却是无穷的。我们的学习小组就是一个集众人之长，发挥集体力量的团队。当每个小组作为一个荣辱与共的团队站在公平竞争的起跑线上时，那些厌学、走神、不敢发言的毛病全都烟消云散，小组就像一座神奇的熔炉，熔铸着我们每个人的灵魂，稍有落后，其他小组成员马上一起围过来，或解决问题，或提醒学习，或提供方法，不让一个人掉队。

预习课上，每位小组长都能充分调动组员的学习积极性，小组中 A级同学帮助 B、C 级的同学解决简单的问题，使得课前预习有了充分的保障；交流研讨环节中，学科小组长组织全组同学共同讨论，而基础较差的 C 级同学不会被冷落，反而成了小组中的"宝贝"，小组成员争相为他答疑解惑。预习时简单易懂的知识我们组内消化，其他疑问我们通过交流研讨、质疑对抗一一化解，难点问题再由老师来画龙点睛。在这样的课堂上，我们不但在收获着知识，还在收获着个人素质的提升。我们的团队合作意识、自我教育能力、宽容豁达的胸襟、组织管理的能力都在一天天形成发展，课堂也真正成为我们舒展生命、快乐学习的地方。

总的来说，在二中学习生活久了，我们都发生了很大的变化。在二中，成绩不是衡量一个学生优劣的唯一标准，每个人都能在这里找到适合自己的位置，体验属于自己的成功，做了"小老师"。我们更能体会到老师的良苦用心，让我们更能理解老师这个词的含义，离老师的心更近；做了小组长，我们也学会了一点儿领导的艺术，如怎样统筹安排工作，怎样化解矛盾增进友谊，怎样发挥每位组员的长处，怎样约束自己……这些管理经验让我们终身受益无穷；参加了社团，我们有了一技之长，兴趣的引领让我们对自己未来的人生道路充满了美好的憧憬。快乐，在我们每个人心中充溢着，在校园的每一个角落延伸着。

"路漫漫其修远兮，吾将上下而求索。"二中让我们懂得了快乐不是肤浅的无忧无虑，而是能够担当的责任。我们坚信：坚持自信的我们、敢于竞争的我们、注重团队的我们、快乐学习的我们，明天一定会更美好！请相信，给我一片天空，我将快乐飞翔！

不以规矩，
不成方圆。

伍

教研管理模式的创新与应用

导言：教研管理"631"模式

在"1＋3"课堂教学模式的指导下，黑龙江省铁力二中教研室创新教研管理理念，建构了"六制三查一评估"教研管理模式，在全校教师中开展形式灵活、卓有实效的校本教研活动，让每一位教师在教学工作中体验到学养丰富之乐、能力提升之乐、学生进步之乐、个人发展之乐。

一、六项制度是校本教研保障

1. 集智备课制度

集智备课的形式分为定时集智备课和临时集智备课。集智备课的流程分六个步骤：主备（一次备课）—集备（二次备课）—修正—审批—下发—优化。学期初，备课组长将本学期备课任务分配给组内教师，先由主备人备课形成初稿，在集体备课时间由全组讨论修改，汇集教学资源，形成复审稿，再由包科领导审批后方能印刷，课后经过反思再次优化存档，以保证每一份导学案的质量。

学科备课组每周要进行二次集智备课。下发给学生的导学案一定要按照集智背课流程认真编写，否则不予印制。集智备课集众家之长，不仅保证了导学案的质量，更重要的是为教师提供了沟通交流的渠道，促进了青年教师的迅速发展。

2. 听评课制度

学校根据教学需要，定期举行各年级不同课型的公开课。公开课从教学科研角度分为研讨课、尝试课、示范课。课后教研组集体评课，评课要评学生、评教师、评流程。听评课活动既提升了教师的教学能力，又完善了课堂教学，提高了教学质量。

3. 反思积累制度

教师在教学中进行三个不同阶段的反思，即课后反思、学期反思、学年反思。每天晨会上，教师都要根据自己前一天教学情况，围绕既定主题进行专题反思和问题反思，教师之间取长补短，在反思中不断修正、不断进步，在积累实践经验的基础上提高传授知识、驾驭课堂以及教学研究的能力。

4. 培训提升制度

设置三种日常培训形式：互助培训（青蓝工程）、校级培训（讲座与体验）、专家引领。在日常教学中，通过青蓝工程结成师徒对子，老教师对年轻教师进行跟踪式指导。在学期初，学校业务领导举办讲座，从"1＋3"课堂各环节入手对全校教师进行业务培训；同时学校又加入了中国教师报·名校共同体，邀请全国教育名家来校培训，吸收最先进的教育理念和教育资讯，开拓了教师的视野。通过多种多样的培训，让教师了解最前沿的教育改革动态，接受最先进的教育理念，在身临其境的体验式培训中找到理论与实践的切合点。

5. 研究开发制度

课题研究、校本教材研究、学科特色研究逐步常态化：用课题研究成果解决教学中的实际问题；以校本教材开发点燃学生学习兴趣，真正实现因材施教，促进学生快速进步；以学科特色研究深化课堂教学改革，让课堂符合学科特点，实现"1＋3"课堂教学模式的精细化、科学化。

6. 年会总结制度

每年举办一次教学年会，全面总结学校教育教学工作，开展系列活动，展示教师的教育教学成果，提升教师综合素质，在提高学校办学能力的同时，让教师感受到自我价值的彰显。

二、"三查"是校本教研的关键

一是检查的三个对象——教师、备课组、教研组；

二是检查的三个方面内容：查计划、查现场、查记录。

三、"一评估"是校本教研的提升

根据《铁力市二中高效课堂教研活动评价细则》，对每位教师、每个教研组、每个备课组的教研活动进行学期和年度科学评估。评估是为了总结和提升，为了促进和激励，更是为了"1＋3"课堂教学模式健康、有序地推进，让课改之花结出硕果。

问题 37：在教研活动中，个别教师设计导学案不认真，马虎、敷衍；集体备课没有实效，教师各做各的；有的老师甚至不编制导学案并依赖他人。如何将高效课堂的教研活动落到实处？

一、培训先行

每学期初，教务部门和教研部门都会针对导学案的制作和使用进行专题培训。培训内容精细，包括导学案设计的各种要求、各个层面，对教师导学案设计中存在的问题进行详细的汇总和剖析，分析原因，提出整改意见，并以制度的形式下发到每位教师手中。

二、流程监管

学校针对导学案设计建立了集智备课制度。（详见本章《导言》）

三、领导包科

为了使教师导学案的设计更加规范、贴近课标、适合学情、符合教情，学校选出 6 名中层以上领导，根据自己的专业，每位领导都承包1—2 个学科，实行包科审核制度。该制度重点审查教师设计的导学案是否从学生的实际出发，是否进行了教材整合，进行的分层设计、环节是否完整，设计是否规范美观等。教师要提前一周把设计的导学案交到包科领导手中，审查合格签字后方可印刷。对导学案设计不合格的教师，包科领导要及时指导、及时规范、及时整改，坚决杜绝态度敷衍、乱拼滥凑、目标与内容不匹配等问题。

四、教研评估

每学期末，教研室都会根据《铁力市二中高效课堂教研活动评价细则》对每位教师、每个教研组、每个备课组的教研活动进行学期和年度打分排序。其中，对导学案设计数量与质量的检查是一个重要方面。学期末，各教研组都要根据平时的记录，把每位教师主备的导学案数量和导学案电子版上交教研室，以备核对。这样就杜绝了个别教师不设计导学案的现象，当然，教师每设计一篇导学案也要予以一定程度的奖励。教研室检查结果计入教研评价，总体教研评价的结果与教师评优、晋级、奖励、公开课参赛资格挂钩，这样，就有效地保证了教师的工作态度。

问题 38：高一刚入学的学生，不适应高效课堂模式怎么办？

学生初入高一，不适应高效课堂模式是可以理解的。因为大多数初中还是传授式教学，学生对自主开放的课堂一无所知，如同进入宝山却不知道怎样开采。但学生对传统课堂早已厌倦，接受以学生为主的全新的课堂教学模式，既感到新鲜、新奇，又感到兴奋。顺利开展高效课堂模式最关键的是如何去引导他们。

一、小组划分

新生一入学，我们就把每个班级的学生按照组间同质（各个小组之间整体实力相当）、组内异质（好中差互相搭配）的原则分配为 6 个小组，设组长和副组长。并且将传统的"秧田式"座位改为更为科学的"单元式"座位，几个小组成员可以面对面互相交流。班主任在分配小组时是要颇费心思的，要把整体成绩较好和单科成绩突出、单科"瘸腿"的学生互相搭配，尽量合理。可以说这个小组既是学习小组又是生活小组，以后的学习、卫生、纪律的评比都是要以小组为单位的。

二、小组建设

从学生军训期间就开始进行班级小组建设。以小组为单位进行列队、分寝、吃饭、出操、自习等，所有军训期间的考核都是以小组为单位，小组整体的荣誉才是每个人的荣誉，让学生在小组合作中展示自我，彰显团队的力量。同时确定组名、组训、组徽、组歌，并在军训之余的晚自习，由班主任组织学生进行丰富多彩的小组团队建设活动。从最初的互相介绍、描述组员，到后来的组间 PK 游戏，培养信任、团结精神的游戏等，让学生们在游戏中感受到高效课堂合作学习的真谛。同时，还可利用军训期间的晚自习向学生介绍有关高效课堂的基本内容、基本理念，做好课前培训。

三、互助"孵化"

正式上课之后，高一新生一方面在课堂上按教师的要求熟悉高效课堂流程；另一方面，还要带着教师布置的任务轮流到高二、高三的课堂中去听课，学习高年级同学小组成员之间如何交流研讨、如何合作探究，让高一每个班级和高二结成联谊班级，让高一新生在听课过程中感受高效课堂带给学生的自信、快乐以及学习方法。结对的高年级班级每个小组定期到高一去培训小组长和组员，这样经过半个月的培训、交流、磨合，高一学生很快就适应了高效课堂的操作流程。

四、培训辅导

高一教师上课时，要将教学进度适当放慢，重点对学生的课堂行为进行细致的训练点拨，大到整体时间的分配，小到如何利用参考资料、独学对学群学时如何研讨、展示如何站位、板书如何设计、遇到质疑怎么处理、讲解问题如何组织语言、如何评价同学的展示行为等等，事无巨细，只要发现问题就必须及时解决，必要时可以培训一批接受较快、学习较好的同学，让他们去辅导自己组的成员，体现了"兵教兵、兵练兵、兵强兵"的教学原则。教师甚至可以做展示质疑的示范让学生去模仿，这样高一学生前进的步伐就加快了。

一个月之后，学生大胆展示、质疑，"我的课堂我做主"的局面就形成了。

问题 39：课改推行一段时间之后，教师出现懈怠情绪怎么办？

课改初期，大部分教师感觉到了新的教学模式给他们带来的新鲜感和快乐感，往往信心十足，基本按照学校制订的授课模式操作，这个时期属于"用帖"和"临帖"阶段，一般学校这两个时期都能坚持。但随着课改的深入，在"入帖"阶段，学校的要求逐渐提高，课堂操作碰到难题越来越多，部分教师就会产生懈怠情绪了。出现这种情绪是正常现象，关键是学校如何去引导、指导、提升。我们的做法是：

一、问题变课题

校内教师进行问题归类，定期召开同学科教学研讨会，大家一起商定好的教学思路；将全校教师在教育教学过程中遇到的疑难问题定期进行汇总，并集中拿出具有代表性的问题，归纳成校本课题，再还原到教学当中去进行课题研究、课堂实验，然后再将课题研究的结果应用到具体课堂当中去。我们要求教师从"预习、交流、展示、反馈"四个环节入手，确立行动研究专题，以"尝试课""汇报课""研讨课""示范课""引领课"为载体，研究教师课堂行为变化，重点在"改进"上做文章；将每节课都上成"科研课"，在行动研究过程中，教师在不断提升，学生也不断进步，有效地克服了教师的职业倦怠。

二、他山之石，可以攻玉

教育教学研究不能闭门造车，对于未能解决的深度问题，就要去"取经"，带着问题外出学习，到课改先进校去取经，看看人家是怎么做的。我们每年都要分期分批派出骨干教师带着问题到全国各地学习，深入名校课堂，对照自己的不足，做好学习记录。每批学习归来的老师都要整理学习心得，在全校大会上作学习报告，推广先进经验，修正自身缺陷。以此推动课改深入进行，为课改注入活力。

三、专家点睛

邀请中国教师报·全国培训基地专家到校解疑，指出现阶段课改存在的问题，并进行专项辅导和培训。迄今为止，基地的专家共对我校进行了 6 次高效课堂主题培训，从观念转化到小组建设再到学校文化建设，都给予很大的支持与帮助。

四、督导验评

为保证常态课的教学质量，学校制定了严格的督导验评制度，督导、验评制度。学校成立由校级领导为主的课堂督导组和年级骨干教师为主的课堂验评组，每天不定期深入班级检查教师是不是按照"1＋3"课堂教学模式的要求去操作，重点查看学习目标的确立是否符合课程标准，教师导学案批阅是否及时，教师追问、点拨、评价是否到位，学生预习的效果是否到位，课上点评、质疑、生成和展示是否精彩……凡是在督查中发现的问题，力求在最短的时间得以解决。用制度督促教师克服倦怠情绪，规范课堂行为。

问题 40：老教师不认同高效课堂模式，排斥课改怎么办？部分教师阳奉阴违怎么办？

个别资深的老教师按照传统的授课方式授课，教学效果和高考成绩一直不错，便对学校提出的"自主、合作、探究"教学模式有排斥态度，认为教师讲学生都不会的知识，靠学生自学、合作怎么能行呢。学校在推行课改初期同样遇到这样的问题，我们的具体做法如下：

1. 让老教师在两个平行班搞试点，一个按传统教学模式、一个按新课改模式。一学期后，课改班级成绩明显上升幅度较大，学生课上精神状态也比非课改班级好，用事实让老教师认识到课改理念的先进之处。老教师们一般比较看重教学效果，也就比较容易认同。

2. 学校专门出资让老教师到课改先进校考察学习，让他们亲身感受课改的重要性和可行性，认识到课改是现代教育改革不可逆转的大趋势，让他们从心里认识传统课堂的弊端，看到现代教育思想、教育方法的优势，增强他们投身课改的信心。

3. 让部分老教师任年组验评员，上示范课，定期谈新课改心得体会。老教师教学经验丰富，理论水平高，因此，让这些教师进入验评组，在评价其他教师的过程中熟悉掌握高效课堂的教学理念和教学窍门；让他们亲自准备示范课、培训学科小组长，深入研习高效课堂理论的精髓，定期进行教育教学反思。通过一系列活动的开展，老教师成为最快接受并熟练运用高效课堂模式的群体。一个学校课改要想全面铺开、全面提升，老教师的作用相当重要。只有老教师动起来了，年轻教师更会倍加努力，课堂教学改革才会顺利推进。

对于个别表面一套、背后一套的教师，我们除了加大课改理念培训外，重点跟踪听课、评课，让这样的教师多做尝试课，在尝试中体验课改带给老师、学生的快乐，对学生终身受益的好处，同时有机会让这些教师到课改先进校考察学习，亲身感受课改成果。同时，用各种监督机制、奖惩措施监督教师的驾驭教学行为。只有调动全校教师课改的积极性，学校课改才算真正动起来，不留死角。

问题 41：在具体授课过程中，有的教师课堂流程掌握不好、点拨不到位、环节不完整、不会调动学生怎么办？有的教师不认真准备教学案，拿教学案初稿进课堂怎么办？

铁力二中的课堂流程是：自主预习—交流研讨—展示提升—效果校验。课改初期制定课堂流程是非常必要的，便于教师理解和操作。但随着课改的深入，固定流程也可灵活变化，要体现学科特色，不同的学科可以有不同的流程。无论什么样的流程，课堂上必须体现的是学生自主学习、合作探究以及教师精讲点拨、质疑生成环节。但在实际操作中，个别教师流程掌握不好，点拨不到位、不及时，环节不完整、衔接不协调。针对以上问题，我们的解决方法如下：

先期进行通识培训，严格按照学校制定的模式走，到什么时间走什么环节，教师熟悉后再进行拓展延伸。通识培训一般包括以下两个步骤。

首先，培训学科带头人。对教研员和备课组长的技能和思想培训至关重要。只有把学校的思想变成他们的思想，才能把新模式实施到位。我们对教研员、备课组长进行第一批培训。因为教研组长大多是老教师，他们多年形成的认识根深蒂固，甚至他们中的一部分人只看到变革中的阻力，根本不去想解决办法。比如：他们认为学生讲得不明白、不透彻，其他学生听不懂怎么办？学生讲得慢，影响进度怎么办？部分学生不爱讲怎么办？可以说他们是从心理上拒绝。面对他们提出的问题，我们只有下功夫研究透彻了，才能给予他们解答，有时也得与他们唇枪舌剑，甚至争得面红耳赤。

其次，对全体教师进行培训。在教研员和备课组长认可以后，我们开始对全校教师进行培训：

1. 思想教育打头阵。校长要当好"领头羊"，对全体教师进行思想动员，接下来对整个过程如何操作做具体培训，特别是对操作流程进行详细解读。

2. 校本教研抓落实。集体备课保证时间，保证人数，保证效果；"青蓝工程"师徒结对，以老带新；业务论坛、业务沙龙、业务讲座注重实效；尝试课、示范课、引领课常抓不懈；教师说、作、评活动坚持经常；课后反思、教学札记、论文撰写注重理论和实践的结合。学校每项教研活动都围绕"1＋3"课堂教学模式的理念去设计、去开展，不断完善"1＋3"课堂教学模式的内涵。

3. 专业引领提理念。三年来，学校领导和老师参加省级课改培训80余人次，参加市级课改培训30余人次，邀请省厅领导、伊春市、铁力市专家到校讲座10余次，通过聆听专家的教育理论讲座和现场作课与指导，全校领导和老师的育人理念得到了提升，办学效果、办学质量都有了质的飞跃。

然后在平时教学中打磨标准课堂。以环节完备、课堂高效为最终目标，以课堂为主阵地，进行高效课堂教学改革的反复打磨。

第一，优秀教师定期作示范引领课，年轻教师作研磨课、尝试课、反馈课、展示课，这种以课带课、以课研课的形式是最好的提升方式。

第二，层层深入，纠正课堂无效行为。环节不完整主要是教师在课堂上"常量"和"变量"掌握不好。同学都会的不讲，同学都不会的、偏难、偏繁、偏怪的知识不讲，因此，学校为每一阶段的课堂都设定了一个主题，例如高一年组重在规范学生点评语言，做实每个环节；高二年组重在减少教师无效语言；高三年组重在教师的点睛到位，点透知识、点明方法。

同时，还要在导学案设计上下功夫。教师不能好高骛远，每篇导学案必须一步到位，一定设计出适合学情的导学案。

最后端正教师工作态度。个别教师以导学案代替教学案，或者拿教学案的初稿进教室，这和教师没写教案差不多。导学案只是教师本节课设计的一部分，不能体现教师预设和生成，也不能体现学生活动，教师只是根据教学经验去授课。为了解决这个问题，除了教务处的常规检查之外，学校规定，授课教师上课前需要把教学案拿到包科领导处签字，这样既可以检查教师教学案书写情况，也可以检查教师是否书写了教学案。

问题 42：如何把晨会开得有实效？

年组晨会是铁力二中课改独具特色的场面。课改初期，教师遇到很多问题，学校只能利用周五教研时间统一解决，但由于时间拖得过长，一些问题不能及时解决，影响了课改进程。鉴于这种现状，学校领导决定采取扁平式管理模式，实行年级主任负责制，每天早上利用 15 分钟时间召开年级晨会，由年级主任主持，从周一到周五每个学科出一名教师对前一天深入班级验评结果进行点评，重点指出每位教师授课环节、点评语言、检测效果，学生板书、点拨、质疑和生成等存在的不足，以及今后整改的意见。实事求是地评价，不走过场、不留死角，同时把评价结果纳入年组教师考核评价。教师点评之后，每天出一名教师对本人在教学中存在的问题进行反思，或者由教研部门结合各年级的实际情况确定每周的主题反思内容，针对固定的主题进行反思。对课改的疑惑进行交流，对课改的成果进行共享，学校每天派出年组包科领导参加，加大年组晨会的检查力度和晨会的实效性。

问题 43：如何协调教师教学工作与教育科研之间的矛盾？

课堂教学改革是新生事物，需要深厚的教育理论功底做支撑。课改之初，由于发展形势的迫切需要，我校在模仿和摸索中进入了"临帖"的阶段，但随着课堂教学改革的深入，对现代教育理论，尤其是对当今最前沿的教育思想的了解不够，成为我校教师整体素质提升和课改科学化发展的一大瓶颈。在传统课堂教学中，教育科研往往流于形式，处于"只教不研"或者"多教少研"的状态，而课改学校的教师没有研究做支撑就根本无法灵活自如地驾驭课堂，更谈不上创造性地运用高效课堂的教学手段了。而高中教师的工作量普遍很大，没有充足的外出充电、理论学习的时间，工作与教研之间的矛盾日益显现出来，这也是大多课改学校都将面临的一个问题。鉴于学校这一具体情况，我校采取了以下措施，将教师的工作和科研紧密地联系在一起，做到了活水不断、渠水长清。

一、化整为零，点滴积累

针对教师大块时间较少、零碎时间多的情况，学校决定在常规教研活动之外，将教师的知识积累过程分散到教师工作之中，让教师在日常工作的同时、休息的间歇就能潜移默化地完成知识的积累、问题的思考和解决、规律经验的总结等研究过程，具体体现在下面两个载体上。

第一，"开卷悦读"读书活动。为增加全校教师尤其是业务骨干教师的知识积累，丰富教师精神生活，同时提高教师的业务素养，加深教师对先进教育理论的认识，培养教师在"1＋3"课堂教学模式改革中的实践和创新能力，打造全校"名师"队伍，校领导和一批骨干教师带头开展了"开卷悦读"读书活动。在活动中进行教育教学理论学习，写读书笔记，记录读书心得，撰写教育论文。每学期末组织学术报告会、教师业务沙龙、教学年会等多种活动，汇报学习成果。通过阅读积累知识，提升教师队伍的理论高度，使教师以科学视角看待、改进教育教学行为，用知识和智慧获取教育的成就感。

第二，"每周一卷"教师高考题训练。为提高教师业务素质，让教师能够站在高于高考的层面上游刃有余地对学生进行知识和素质的引导，组织全校教师尤其是年轻教师，"入乎"高考之内，以教研组为单位，每周每位教师利用课下时间独立完成一套本学科高考题，交由教研室批阅、存档，用这种方式让每一位教师都明确高考趋势，把握高考脉搏，从而在指导自主学习时更有针对性、方向性、科学性。

二、校本课题，教研结合

我们利用举行验评、反思等教研活动的机会，注重在一线教师中间征集课堂教学中存在的问题以及解决的策略，并分类汇总，形成校本课题。课改至今，铁力二中已申报校级、县级、地市级、省级课题 20 余个，这些课题围绕课堂内外展开，备课上课、管理班级的过程就是积累第一手材料的过程，教法、策略的运用就是进行研究的过程；用行动研究代替理论学习，用生动的案例取代枯燥的议论。课题研究一旦取得成果，马上应用于教育教学实践，让教师乐于研究、善于研究，形成了良好的科研风气。

七年来，教学研究推动了全校课堂教学改革的纵深发展，学校承担国家级、省级、地市级、县级课题共 8 个，教师作为课改专家受邀外出讲学 11 人次，足迹遍及广东、海南、河南、山东、河北、甘肃、吉林、湖北各省。铁力二中教师获得省级优质课 40 节，伊春市级优质课 78 节，铁力市级优质课 30 节，完成课改材料汇编 40 册、导学案汇编 2 册、论文集 1 册、教育叙事集 1 册，编写校本教材 2 套，从而完成了学校课改从"用帖"到"破贴"的华丽转身。

附件：让课改在实践和学习中生发

浅谈"1+3"教学模式下的语文课堂学生话语权的调控

我们知道，实施素质教育，提高教育教学质量，课堂教学是主渠道。近七年来，铁力二中不断向先进学校学习和探索，对旧的课堂教学模式进行改革，实行了"1+3"课堂教学模式，把突破口放在改革课堂教学、提高课堂效率上，把课堂真正地还给了学生，因此学生的话语权也就成了"1+3"课堂教学模式中最为活跃的课堂元素。而作为话语权的动态表现形式的言语活动，既是学生思想发展、情感态度增强和知识能力提高的外化行为，又是评价教师是否"尊重学生在学习过程中的独特体验"和能否准确而灵活地调控课堂节奏的重要参数。正因为如此，学校课改验评组在验评过程中，把教师在课堂上对学生的话语权的调控状态作为一项重要的验评依据。可是当我们理性地审视我们的教学行为和教学思想时，不难发现学生话语权的呈现方式和话语环境并不令人乐观。主要表现在三个方面：一是学生话语权还没有真正意义上从教师的话语场中剥离出来，它只是教师在导学案中提出的问题的附属品，缺乏主体性。二是学生的话语权只集中在几个尖子生身上，其他学生犹如看客听众，缺乏普遍参与性。三是学生的话语权被看似热闹华而不实的"满堂问""群言堂"所粉饰，缺乏探究性和发展性。四是教师在教学过程中不能适宜地对学生的话语权进行宏观调控。上述现象的存在和蔓延，必然会影响学生话语权"质"的回归，甚至造成课堂教学效果的低效和无序。

一、由点到面，激发学生话语权的整体参与性

苏霍姆林斯基说："在每个孩子心中最隐秘的一角，都有一根独特的琴弦，拨动它就会产生特有的音响。要使孩子的心灵同我讲的话发生共鸣，我自身就要同孩子的心弦对准音调。"的确，教师要想拨动隐秘在每一个孩子心中的"话语权"这根弦，就得事先校音定调。学生由于受知识、能力、性格、兴趣等各种智力因素和非智力因素的影响，表现出个体的差异性和独特性。因此教师在导学案中所设置的问题"音调"应立足学情、音域宽泛，尽可能给学生较大的思维空间。如我教授《故都的秋》时，提出"'故都的秋'有什么特点"和"谈谈你眼中的'故都的秋'"，两者对调控学生话语权所起的作用大相径庭：前者是一个问题，问的结果直接指向了提问者的标准答案。处于被动地位的学生话语权活动空间较为狭窄；后者是"谈"，是一个导向丰富的话题，学生的话语权可以由一个中心向四周辐射，并生成许多高质量的问题。在这个话题情景下，学生摆脱了"牵"的处境，思维空间拓展了，主体意识和独立思考受到了鼓舞，学生话语权的参与率就会明显提高。

二、拣选重点，主导学生话语权的主体探究性

如果教师设置的问题缺乏轻重主次，显得繁杂而无边际，那么学生的言语活动只能是蜻蜓点水。学生的话语权因缺乏探究性，就可能蜕变成翻版的"满堂问"。宋代王安石说过："词之不切，则听之不专；听之不专，则取之不固。"教师所设置的问题要做到既"专"且"固"，就必须删繁就简，问在知识的关键处。如我教《孔雀东南飞》时，放弃了原定的结构分析、人物形象分析、主题归纳、写作特点小结等烦琐而陈旧的教学设计，而预设了"他们的爱情悲剧是谁造成的"和"他们是否可以私奔"这样两个大问题，让学生根据老师在导学案上给出的《封建家长制》预习资料中找根据。"牵一发而动全身"，结果学生个个有理有据，争得面红耳赤，得出了"封建家长制和封建礼教是杀害他们的凶手"的结论，同时也得出诗歌的主题是揭露封建礼教对年轻人婚姻的摧残。这样一来，学生在探究中理解，在探究中感悟，在探究中体验，在整个过程中他们既收获了知识又收获了能力。

三、无中生有，拓展学生话语权思维空间的多向性

文学作品的艺术价值和思想内涵不是凸显在文字的表面，而是需要"尽可能用自由大胆精神去关照和欣赏"。"无中生有"就是大胆想象，这种"自由大胆精神"的实践和尝试，教师要在文本的"无"处通过对比辨析、求异论辩、迁移创设、联想拓展等思维方式，制造"有"的内容，引导学生的话语权向空间思维的多向性发展。我仍然以《孔雀东南飞》教学为例，给学生设计了一道很有争议且很能激发学生发散思维的题目：他们能否私奔，谈谈理由。学生展开合理的想象，课堂上学生结合封建礼教和封建家长制讲了许多私奔最后的结果仍然是悲剧的理由。同学们通过各种想象对比，很好地把握了作品的主题。

四、求同存异，立足学生话语权的持续发展性

语文的工具性和人文性已决定了课堂教学的重点应立足于学生的可持续发展上。法国教育家第惠斯多曾说："教学艺术的本质不在于传授，而在于激励、唤醒和鼓舞。"有时教师因急功近利而忽略了"教学艺术的本质"。我是我校验评组的一员，在验评过程中发现，有的教师对学生的一些错误答案或置之而不顾，找别的学生继续回答；或简单否定其回答；或者就事论事地引发一番，不得要领。这种缺乏甄别和宽容的评价，必

然影响学生掌握话语权的积极性。教师应鼓励学生大胆求异，多方面、多角度、创造性地提出自己的看法，在求同存异的发展观中最终实现人的可持续发展。

五、收放并举，调控学生话语权的价值取向性

《语文课程标准》中指出："语文课程丰富的人文内涵对学生精神领域的影响是深广的，学生对语文教材的反应往往是多元的。"多元的文本解读，不仅突出了学生的主体地位，也为学生的话语权营造了一个宽松的语言环境。当然，这样的语言环境并不意味着学生的话语权可以"天马行空"，教师那种放而不收或收而无度的做法只能导致违背文本思想内涵和价值取向所谓的"创新"，如"武松打虎是不爱野生动物的表现""牛郎趁织女在洗澡时拿走织女的衣服是不道德的"等。教师作为课堂的"组织者"和"引导者"，既要"善放"，也要"善收"。我教《孔雀东南飞》组织学生讨论"刘焦的爱情悲剧是谁造成的"时，就有不少学生认为他们的凶手是他们自己。很多学生认为他们可以私奔，或可以和家长对抗到底，还有的同学说，在焦仲卿心里还是母亲的位置高于刘兰芝，否则他不会让兰芝回娘家等等。对于这些学生的回答或讨论，既要适当肯定，又要结合该文的学习目的，把学生们讨论的意识引到对封建家长制和封建礼教对年轻人的婚姻的无情摧残上的意义上来，而不要过分强调焦仲卿和刘兰芝的做法。这样既达到了教学的目的要求，也避免了学生无的放矢地讨论问题。

总之，要想有效控制学生的话语权，教师不仅要尊重学生的话语权，更要懂得引之有法、导之有序、放之有度、收之有益的"经营"之道。学生的言语哪怕是一粒沙子，在我们的悉心"经营"和呵护下，也定会变成熠熠生辉的珍珠。当学生不是为教师而言说，而是为自己而言说的时候，真正的自由民主发展和充满生命气息与创造力的课堂才会真正呈现。

（苏庆玲）

努力打造"高效课堂"　充分激发学生热情

专家们在谈"高效课堂"时，有的说："高效课堂"就是教师在相对短的时间里，让学生得到更多更深的知识与能力，获得更丰富的经验；也有的说："高效课堂"就是在有效的时间里，采取恰当的形式，激发学生的学习积极性、主动性，让学生参与教学过程，获取有效的知识与能力；还有的说："高效课堂"就是在坚守人类基本价值取向的基础上，同时充分利用本节课的资源，让学生明白丑与美，恶与善的客观真实……而我对"高效课堂"的理解就是让学生在本节课中最大限度地掌握知识，最大限度地调动积极性，从而使得我们的课堂真正达到高效。那么如何打造我们的"1＋3"高效课堂呢？

一、教师课前充分准备

凡事预则立不预则废，只有充分的课前准备，才能让课堂各个环节得以顺利地展开。教师在课前要对本节课的内容充分把握，对学生的情况做到充分的了解，对课堂上可能出现的难点重点问题做到心中有数，以及对当堂检测和预习提纲的时间做到合理分配等等。教师在对本节课的知识准备充分之后，还要考虑到教学方法，只有科学的教学方法才能让知识得以最大限度地被掌握。如果教师只注重知识的传教，那么学生就会觉得枯燥乏味。教师一定要多了解学生的喜好，抓住学生的心里。事实证明如果没有充分准备的课，课堂效率肯定是低效或无效的。

二、教师要切实转变角色

教师的角色应由知识的灌输者、守护者转变为学生学习活动的组织者、参与者，在这个过程中，教师要以学生为本，依学定教，学生可以用自己的心灵去领悟，用自己的观点去判断，用自己的语言去表达，从而成为学生自主发展的舞台。要做到这一点，教师首先要及时转变观念，真正实现从传统到高效课堂的意识转变。师生关系的转变也是很重要的一方面。良好的师生关系是决定教育成败的关键所在。真心热爱学生，赢得学生的信任，这是建立朋友式的师生关系的前提。只有让学生感到你爱他，学生才能信任你，你讲的话才有感召力，你的愿望才能得以实现。

课堂不是教师唱独角戏，而是师生共同合作。只有学生参与了，他的积极性才能够被调动起来，才能够变被动为主动，从而积极参与课堂，主动进行研究与实践，这样才能使得课堂高效。

三、教师要激发学生的兴趣

课堂上，学生的学习兴趣高不高，也影响到课堂效率的高低。现实中，有些课上学生没精打采，既不积极地思考问题，也不积极地回答问题，课堂气氛沉闷，这样的课堂效率不会高。兴趣是最好的老师，兴趣也是提高效率的法宝。课堂教学要提高效率和质量，首先必须激发学生学习的兴趣，点燃他们求知的火花，才能引发他们求知的欲望，调动起学习的积极性，使他们喜欢课堂。在教学过程中，时时调动学生的积极思维，处处开启学生的心智，课课给学生以知识、方法及新颖感，营造一种浓厚的学习氛围，使学生在轻松、愉悦、和谐的气氛中自觉地获取知识和养成能力，变"要我学"为"我要学"。教师可以利用多媒体，采取小组合作谈论的方式，激发学生的学习兴趣。教师的课堂教学设计只有让学生保持较高的学习兴趣，能围绕学习目标积极地参与、认真地思考，才能使课堂教学有效、高效。

四、教师要有真挚的情感

实际上，这一条就是打造"1＋3"高效课堂的软件保障。因为我们工作的对象是有血、有肉、有情的人。教师要真心关爱学生，当今强调要构建和谐校园、和谐师生关系。什么样的师生关系才是和谐的师生关系呢？我认为，它应该是平等的、友好的，且在学习过程合作中非常愉快的师生关系。怎样才能建立起这种关系？古人云：身正方能为范。所以教师要求学生去做的，教师自己首先要做到，而且要做得非常好。教师要用平等的心态对待学生，当他向你求知时，你要耐心地去帮助他；上课时，要尊重学生的个体差异，真正做到因材施教，明知这部分学生认识能力有限，就不要用深难的问题去为难他，否则会让他难堪，自尊心也会受到伤害。教师的真挚情感应体现在课堂的语言和表情上，以及课下与学生的沟通中，这些小事中足以彰显教师的本真，从而让学生被教师的情感所打动。

五、教师要把握好课堂节奏

课堂上，有的教师刚给学生提出问题，没等学生深入思考，就马上要求其回答。这样不仅浪费了学生课堂思考的时间，而且有效性很差。这种形式主义的教学方式使无效劳动充斥课堂，严重影响了课堂教学的效率。有的教师让学生阅读课文、讨论、交流、做巩固练习等，不提时间和要求，学生漫无目的地阅读与交流，课堂组织松散，时间利用率低；有的教师只对学生提出比较笼统的要求，学生不明白教师要他们干什么和要他们怎么干。这样，学生就失去了教师的有效指导。因此，要给学生一定的思考时间和思维空间，要减少"讲与听"，增加"说与做"，尝试"教与评"。

总之，打造"1＋3"高效课堂要求每一堂课教师要为学生营造轻松、和谐、愉悦的课堂教学氛围，使学生在轻松、和谐、愉悦的课堂氛围中学习，只有具备良好的学习状态，才能达到高效课堂。"路漫漫其修远兮，吾将上下而求索。"在通往高效课堂的路上，也许还会有一些困难和挫折，可是有了坚定的信念做风帆，我一定会到达成功的彼岸。

（刘卫杰）

教育要从一点一滴做起

——赴甘肃省环县五中培训心得

2013 年 12 月 6 日，我参加了由中国教师报·全国培训基地组织的赴甘肃省庆阳市环县第五中学的一次培训。第一天主要以听课、评课、互动交流为主题。通过对两节高中英语对比课进行听评，专家对听评课技巧方面进行方法指导，以及帮助解决一些课堂中存在的问题，我更深地理解了高效课堂的内涵。这次培训，虽然只有短短的一天半的时间，却让我开阔了眼界，拓展了视野，更使我在课改前行的道路上如获至宝。

人们常说"过程决定结果，细节决定成败"，通过参观甘肃省环县五中的校园文化以及与校领导的沟通、交流，我更透彻地理解了这句话，更感受到了"教育"的职责和魅力。作为一名教育工作者，对教育细节的处理是不容忽视的。教师的工作非常琐碎，需要我们付出更多的爱心、信心和责任心，所以无论是教育还是教学都要学会从一点一滴做起。

一、教育需要责任心

我们的课堂应该完全体现"学生为主体，教师为主导"。第一节英语课上，我感到课堂上学生的主体地位没有得到保证，教师虽然起到了"导"的作用，但是却产生了"越位、抢位"的现象，每当学生有问题出现卡壳时，或学生的答案不符合标准时，教师并没有给学生充足的思考时间而是取而代之将问题很快地解决掉了，这样的课堂会让我们感觉到一种莫名的压抑。所以要想杜绝这种现象的出现我认为应该注意以下两点：

1. 教育要回归原生态

教育的对象是学生、是人，所以首先要确立以人为本的理念，以学生为本的思想。我们不能仅仅把学生看作教育的对象、认知的群体,更重要的是把学生看成是生命的主体。课堂上一定要做到"强化学生的主体,弱化教师的主导作用",要对学生负责,教育要回归到本应属于生命主体的活动中去,培养人格健全、素质全面的人。

2. 教育不应脱离社会和家庭

第二节英语课讲授的是"A Healthy Life"。课上教师以一个简单的问题"Do you think what is important in our life?"引入新课,学生们自由发言阐述自己对健康生活的理解,最后把话题锁定在"smoking"上。有个小男生在升华情感目标时呼吁道:"为了身边的人,请不要吸烟,也应该在家中帮助亲人戒烟。"这让我想到了家庭教育对学校教育和社会教育的重要性,所以在下午的评课中我针对此问题进行了阐述。

教育是学校教育、家庭教育和社会教育的结合体,学校、家庭、社会都负担着重要的、不可推卸的责任,只有三方面共同努力,才能有利于学生的身心健康发展。而我们现在的教育却出现了三方面互相脱离、互不配合的现象。为了对学生负责,我们必须协调好学校、家庭、社会三方面的关系。

这里给大家提几点可行性的建议:学校可以成立家长委员会,让家长直接参与学校教育工作,共同管理、教育学生;同时开办家长学校,提高家长素质,从而提高家长教育子女的水平,充分发挥家庭教育的作用;建立家访制度,定期进行家访,了解学生的心理、生活等状况。

如果学校教育没有了家庭教育和社会教育的配合,那么学校教育则只是一句空话,我们再喊着"对学生负责"的口号也无济于事。所以我相信,只要学校和家庭、社会三方面教育相互配合,就会营造出适合学生发展成才的教育环境,从而使学生身心健康发展。

二、教育需要信心

1. 相信学生、解放学生、利用学生、发展学生

在第一节英语课中，我还发现这样一种现象：课堂评价以及小组之间的评价都是由教师完成的，课堂上看不到小组长管理组员的影子。而且下午在给环县五中教师评课过程中，通过与其交流发现每个学习小组并没有学科小组长，科代表也没有评价本，也就不能将课堂上的评价分数进行汇总从而形成日评价、周评价、月评价等等，这样也就无法形成学生的自主管理体系。

如今，我们的课堂已经非常开放了，学生的主体地位突显，但总还觉得欠缺点什么。也许是因为我们教师总认为有些事情学生不会做，更做不好，所以不敢完全放手，不能给学生更大的发展空间。

亲爱的教育同仁们，我们一定要相信学生，相信他们有自主学习的潜能，相信他们有自主管理的能力，彻底地、大胆地放手。因为相信学生是自主管理的动力源，只有相信学生才能解放学生，解放学生的心灵，解放学生的思想，给学生充足的空间和时间。同时我们还应学会利用学生，把学生作为学校的第一资源进行开发，这样才能使学生得到更好的发展，才能真正达到高效。

2. 培养学生自主管理

我们在培养学生自主管理时，一定要有一个培养目标，那就是"五个特别"：特别有礼貌、特别有规则、特别会学习、特别有思想、特别能创新。

学生自我管理构建要坚持六个原则：规则自我制定；学习自我激励；生活自我管理；活动自我组织；文化自我构建；发展自我促进。

总之，把一切权利交给学生，相信学生，你就会看到奇迹！

3. 与学生沟通、交流

听了高一、高二两节英语课，我发现他们的共同缺点是：课堂缺乏激情，学生放不开、不自信；教师在课堂上对孩子的语言和肢体评价欠缺。给我印象最深的是，一名男生站起来回答问题不仅不敢抬头直视班级的学生，更不敢看老师，当时的我真的很想告诉他："你非常优秀，你是好样的。"出现这些问题主要原因是教师对学生没有耐心和信心，在日常的教学工作中，师生之间缺少沟通和交流。

所以在平日的教学工作中，教师应该放下架子，与学生平等相待，经常与学生沟通，走进学生的内心世界，发现他们存在的问题，进而有针对性地开展教育和教学工作。另外，任何人做事都希望得到别人的赞赏，所以教师不要吝惜对任何一个学生的赞扬和肯定，要善于发现学生的长处，学会欣赏学生；要学会用一颗平等的心与学生交往，尊重学生；要学会用一颗宽容的心对待学生。只有用我们的真心才能换来学生的真情，我想这就是我们教师工作的精髓所在。

三、教育需要爱心

6 日下午的评课中，我除了针对课堂中存在的一些问题给予了建议，还与环县五中的教师进行了互动。在互动中，有一位教师问我："课堂上怎样才能激发学生的兴趣和热情，让其自主地参与到课堂中来？"其实这个问题，除了我们课堂中应该给予的评价外，更多的是用我们教师的真情去感化学生，用我们的爱去给他们信心。

我始终坚信"没有爱就没有教育"，所以我会给我的学生们更多的爱。没有爱便没有教育，教师唯有心里时刻装着学生，学生心里才能有你这个老师。爱之深切，才能唤起他们奋发向上的勇气、信心和激情。"我们可以爱，但绝不能溺爱。"正确地做到对学生的爱，就应该从以下几方面教育入手：

1. 生命教育：培养学生"对物有情、对人有爱、对己负责"。

2. 入学教育：培养学生"生活规范、学习规范、小组建设"。

3. 德育教育："细节看成败"，所以在平时的教育过程中更应该培养学生细节德育。俗话说："看一个家族是否兴旺我们通常看三方面：一是子孙几点起床，二是子孙是否做家务，三是子孙是否读经典书籍"。当然学校教育和家庭教育有着共同的理念，学校文化更多地反映在班级文化中，所以我们看一个班级的成败也主要看三个方面：一是学生是否有礼貌，二是学生是否有责任感，三是学生是否有规则。

所谓"大处想、小处做"，也许这就是我们应该教给学生的。所有作为妈妈和教师的朋友们，只要我们对孩子付出最真挚的爱，只要我们将爱植入教育中，我们一定会有意想不到的收获。

"课堂就是分享，就是学生成长的过程。"作为一名教育工作者，我们不仅要关注学生的成长过程，还要记住这样一句话："从一点一滴做起，从每一个细节做起，做一名幸福快乐的教师。"我永远都会用这句话点亮学生和自己的内心世界，点亮前行的道路，做一名幸福快乐的教师。

（袁 茵）

打造高效课堂 书写华彩篇章

2008 年的我，坐在哈尔滨师范大学中文系的教室里，在教育学教法课上，第一次听到了课改这个名词，对它甚是陌生与困惑。

2009 年夏天的我，坐在铁力市二中的会议室里，在新教师岗前业务培训中，第二次听到了课改这个名词，对它充满期待与憧憬。

从此，我就与"1＋3"课堂教学模式结缘，开始了我"1＋3"课堂教学之旅。时光荏苒，两个半年头就在学校课改的有效进行中，在领导和老教师们的钻研内化中，在同事们对课改的坚决执行中，在学生们的不断进步中，从指缝中，悄悄逝去。

如何打造"1＋3"课堂教学模式中的有效课堂，甚至是高效课堂，一直是学校领导和教师们在一直探求的问题，同时也是决定课程改革成败的关键。作为一名年轻教师，从接触"1＋3"课堂教学模式开始，我就深深喜欢上了这个对于教师来说，充满着挑战的课堂。在教育教学中不断反思，在业务学习中不断提炼，我简单总结出如下几点：

一、在激情中碰撞，在竞争中成长

在短短两个半年头里，通过多次公开课的历练，我发现了学生们一个最大的特点——喜欢竞争、喜欢展示。

每次的校内公开课除了有课教师之外，其余教师全员参加；每次教学年会，与会领导和教师多达百人。但是，每次公开课学生们都是最兴奋的，同时，课堂也是最有效的。因为面对众多听课领导和教师，学生们心底的展示欲、竞争欲得到了激发。首先预习的时候学生们翻阅的参考书和资料就比平时多；其次在交流研讨环节学生们小组可以说是全员参与，连平时基础较差的 C 级同学也在积极发表着自己的看法；最后的展示环节学生们更是激情投入，讲解条理清晰，质疑充分，甚至有时我备课时准备好的追问和点拨都由学生讲出了，所以我在剩余的时间，会把作家、作品、时代背景等更多的相关知识，以及答题方法传授给他们，一节 45 分钟的课，"有效且高效"。

因此，在教学中，教师应该在课堂上充分利用小组评价机制，努力调动学生的学习积极性，在学生们的竞争中，不断打造有效课堂、高效课堂。

二、在信任中蜕变，在温情中感动

我是一名语文教师，同时也是一名平行班的班主任。无论是在课堂上，还是班级的日常管理，我发现教师对学生的相信是一种巨大鼓舞力量。陶行知先生也这样忠告我们："你的教鞭下有瓦特，你的冷眼里有牛顿，你的讥笑中有爱迪生。"作为教师，应该相信每个学生都有成功的希望，每一个学生都具备成功的潜能，而教师的作用，就要唤醒学生的自信。

刚开始教学的时候，我每天都是信心满满地来到班级，集体备课之后，我自己又准备了很多预设和追问的问题，每次备课后我的教案和语文书都写满了密密麻麻的小字。然而，从第一节课开始，我就发现了一个很严重的问题，面对集中了所有语文教师心血的导学案，一些学生一筹莫展，要么从参考书上随意摘抄，要么就抄写 A 级同学的，要么干脆空在那里。学校有规定，导学案情况完成不好，科任教师不允许继续上课，必须利用时间指导学生预习。于是，为了节省课堂时间，不耽误教学进度，我在每天晚自习的时候，来到我任课的两个班级，对学生的预习做指导。本以为当学生们有疑惑的时候可以问我，但是，"自作多情"的我发现根本没有学生问问题，而且我去了，他们反而不写语文学案，疑惑不解的我把两个班级的科代表叫来一问，结果让我大吃一惊！学生们不是不会，而是担心自己写的是错的，所以总是在参考资料上寻找相对来说"标准"的答案，觉得这样可以得到老师的表扬和认可，而且每次我一去班级指导预习，他们就更不敢做了，生怕做错了被老师批评。

发现这个问题之后，我利用了一节课的时间和学生们促膝长谈。我和他们讲起我上高中、大学的经历，讲起自己当初怎么从一所郊区的中学考上了哈尔滨市的重点高中，讲自己当初如何克服学习上的困难。一下子，我和学生们之间的距离拉近了，我从和他们有隔阂的老师，变成了比他们大五六岁的姐姐。随后，我就从自己当初学习的困惑讲起，让他们知道，不断基础如何，不管初中如何，不管别人对他们的评价如何，从现在开始，他们是语文老师眼中最棒的学生，他们是语文老师心中的希望，同时也承载着他们父母多年的希冀。

当教师充分激发学生的自信时，学生就会燃起学习的兴趣，不再有心理上的自卑感。现在的他们，可以自信地把自己对所有问题的看法工整地写在导学案上，甚至很多时候会和所谓的"标准"出现分歧，并把它带到课堂上认真讨论。所以说，让学生们在充满信心的状态下进入课堂，课堂会因为他们的自信迸发出知识的光辉，同时紧张又充满挑战的课堂一定会是有效的课堂、高效的课堂。

三、在团队中成熟，在思考中追寻

萧伯纳说过："假如你有一个苹果，我也有一个苹果，我们交换你和我也只有一个苹果；假如你有一种思想，我有一种思想，而我们彼此交流这些思想，那么每个人都各有两种思想。"在语文教学中，尤其是在我校的"1＋3"课堂教学模式背景下，课堂追求有效、高效的一大关键就是小组合作。

《学记》有言："独学而无友，则孤陋寡闻。"无论一个人有多么优秀，但是他对问题的认识总是有限的，但是众人的智慧却是无穷的。如果教师能在课堂充分调动小组学习的积极性，那么课前的预习就有了充分的保障。小组中 A 级的同学就会帮助 B、C 级的同学解决很多简单的疑难；课上的交流研讨环节中，语文小组长就会组织全组同学一起研讨，连基础较差的 C 级同学也不会被冷落，反而成了小组中的"宝贝"，小组成员争相为他解答疑惑。小组合作学习会让 A 级学生在讲解与研讨中碰撞出更多的火花，B、C 级的同学也会投入更大的努力，在小组的帮助与扶持下走向成熟。

当全班所有同学都参与到语文学科的学习与研讨中，那么课堂就会成为有效的课堂，学生们也在小组的交流协作中逐渐成熟，为团队的荣誉"不抛弃，不放弃"。课堂也会真正成为学生成长的地方，教育者"育人"理想才能真正实现。

诚然，小组的合作学习在打造有效课堂的过程中是至关重要的，但是，学生们对学习的问题意识也是非常重要的。古语云："学起于思，思起于疑。""小疑则小进，大疑而大进。"可见"质疑"的重要性。在语文教学中，它更是培养学生洞察能力，启发学生创造性思维的起点，同时也可以帮助学生深化对文章主题思想的了解，引领学生走向自我学习的道路。当学生们能够从预习中找出问题，从课堂的展示中提出疑问，那就证明了他们在思考。学生们的主动质疑甚至比教师在备课过程中准备的预设更具有时效性，同时也更贴近他们本身。

新课程改革的进程已经开始，课改成为了大势所趋，也是学校特色教学以及学生"低进高出"的保障。作为一名班主任，同时也是一名语文教师，我会全身心地投入到新课程改革的大潮中，积极探索如何打造"1＋3"课堂教学模式下的有效课堂，并在具体实施过程中不断完善。我相信，只要我们用心付出，刻苦钻研，课改的胜利之花一定会早日开放；只要我们坚持不懈，努力探索，"1＋3"课堂教学模式下的有效课堂将会不断成熟。

（孙　辉）

读《追寻教育的幸福》心得体会

在"开卷悦读"活动中，我阅读了与课改相关的很多理论书籍，在对课堂教学改革的认识上有了很大的进步。近期我阅读了《追寻教育的幸福》这本书，反思了我们现在的教学行为，认识到了自己和一部分教师在教学中存在的三个误区，也加深了对高效课堂的认识。

一、三个误区

误区之一：重视教学方法的探寻，却忽略了自身素质的提升

如果把教学方法称为一把"利剑"，那么教师自身良好的素质和教学经验就是"内功"。一个人要想成为"教学中的高手"，单靠外在的包装是远远不够的，还要加强自身的道德素养和业务素质。

1. 要心中有爱

这是一个重复了千百次的话题，但却又不能不提。如果用一个字来概括教育的真谛，那就是"爱"。可以说，没有爱，教育也就成了无根之木、无水之源。一个教师如果没有对学生的爱，那么他对自己的事业、对关乎千家万户的教育也就失去了热情。好孩子是人人都爱的，去爱一个别人不爱的孩子，去教一个你认为教不好的孩子，这才是真爱、大爱、博爱。

2. 要树立"终身学习"的意识

在教学之余，教师要有自己的个人空间和发展空间。营造一个学习的空间，多读书，即使读的不是本专业的书籍，也会起到"触类旁通"的作用。古人云：三日不读书，便觉言语无味，面目可憎。对于年轻教师来说，这一点尤为重要。

误区之二：培养个性就可以无视纪律

新课改培养的是高素质人才、创新型人才，可以有个性，但与规范纪律是互不矛盾、不相冲突的。如果学校课堂教学很随意，学生课上可以上厕所，随便下桌，美其名曰"张扬个性"，可谓大错特错。没有纪律的课堂是无效的，纪律是学习的保证。纪律的好坏与教师的管理是密不可分的。教师的态度决定学生的态度，有时，"破坏纪律的不是学生，而是老师"，随随便便的老师就会培养出随随便便的学生。台湾作家刘墉也提出：自由有个必要条件，就是不能影响到别人的自由；自由的基础是自制和守法。

误区之三：让学生动起来就是改革

死气沉沉、毫无生气的课堂固然不可取，但热闹非凡的课堂又如何呢？举一个现实中的例子：一名参加全国教学大赛的中学教师，执教课为《植物在大气循环中的作用》，却用"小白兔拔萝卜"的活动导入，把正规的课堂教学演变为一场"闹剧"。在日常教学中，我们也会发现这种现象：游离于教学内容之外的大张旗鼓的表演，脱离文本教材的热闹非凡的自由发挥，这些形式上看似是对教学的改革，实际上却背离了最本质的东西。海尔集团的首席执行官张瑞敏说："如果不创新，就只能面壁；如果创新，所有墙壁都是门。"其实两种形式可以并存，"面壁十年图破壁"，四面是门有时也会让人眼花缭乱，无所适从。教师要选择适合自己教学风格的，选择适合本校学情的，选准自己的立足点，不断挖掘、改进，打造出自己独到的一面，这需要积淀与反思，需要时间的磨砺，更需要个人的奋斗与不懈的努力。所以说，任何教学的改革都要提高课堂的时效性，不能只看到表面的轰轰烈烈、热闹非凡，还要透过现象去看本质性的东西：包括学生的动是真动还是假动，它的动与所学内容是否有联系，能否起到激发兴趣、深化学习内容的作用。

二、三点认识

（一）什么是高效课堂

高效课堂是以人为本的课堂，要有学生立场，以学生的成长为目的，能看到学生实实在在的进步。尽管每位教师采用的教育方法不同，但殊途同归，都是为了同一个教育目的——为学生的终身学习与成长奠基。高效课堂之"高效"不应只是分数和升学率的最终高效，而应落实于每一天甚至每一堂课的有效、高效上。就一节课而言，就是 40 分钟后学生是应该有变化的。如果不能抓住每一堂课，课堂教学便徒有其形，而把学习的任务推迟到课堂之外，又谈何高效呢？实实在在上好每一堂课，踏踏实实备好每一堂课，高效课堂才会卓有成效。

（二）高效课堂由何处起步——八字箴言：教师真教　学生真学

课堂上的做法是先学后教，当堂训练。先学是在课堂上学，教师开讲前，学生在教师的积极引导下自我实践，自主探究，自主学习。后教指在先学的基础上就存在的问题所进行的相互实践，相互探究，相互学习。

所以在课堂上要做到以下几点：1. 学生能自己学会的放手给学生自学；2. 学生不会的小组讨论学；3. 教师需要解决的是那些共性的、有规律的问题。做到"不学不教""以学定教""以教促学""教学相长"，从而打造一个师生共生、共学、共赢的课堂。

优质高效的课堂是学练结合的。当堂训练即在课堂上为达成目标所做的训练。集中有序的课上训练，效果远大于课后作业，所以教师切记：千忙万忙，一定要做到当堂训练。

高效课堂的特征有三：真实，有序，紧张。"千教万教教人求真，千学万学学做真人"；有序指符合规律的序，在学中发现问题，在合作中解决问题，在训练中再发现问题，在探讨中再解决问题，周而复始，形成良性循环；紧张指的是课上学生应做到思维的紧张、全力以赴、全神贯注、全心全意。一言以蔽之：真实是课堂的生命，是课堂高效的前提；有序是课堂高效的保证；紧张是课堂高效的标志。

三、打造高效课堂是一场持久战

学习本身就是艰苦的劳动，打造高效课堂更是一场持久战。要想赢得胜利，决不能心浮气躁、急功近利。要有"三心"，即爱心、耐心和恒心；要做到"二益"，即有益于学生自身的发展，有益于学校长远的发展。我总结为："三心"之道促高效，"二益"之中求发展。

教育是一件知易行难的事情：教学之道，任重道远；教学之道，取法自然；教学之道，贵在专心；教学之道，更要从实际出发，遵循规律。在这场战争中，我们要有军事家的策略，战略家的眼光，更要有指挥家的才能。

沧海横流，方显英雄本色；大浪淘沙，历练时代英才。我们在激发培养学生潜能的同时，更要不断提高自身的素质，唯其如此，才能与时俱进，为学校的发展，为国民素质的提升开创和谐共赢的局面！

（王　倩）

教学相长，
名师成焉。

陆

教学管理模式的创新与应用

导言：课堂教学管理"361"模式

面对不同级别学生的实际学情，要保证"1＋3"课堂教学模式高效有序地进行，就必须强化课堂督导、验评、评价的作用。为此，我们完善了日查、周评、月总结等制度，开放课堂，透明教学，创建了铁力市二中课堂教学督导模式——"361"模式（3项检查6项制度1项评价），并邀请学生家长参与评价，充分发挥制度的导向和激励功能。

1. 三项检查：检查学生自主预习环节的实效性；检查教师导学案批阅的及时性（课前、课后两次批阅）；检查教师教学案设计的实用性。

2. 六项制度

（1）验评制度。学校成立由校级领导为主的课堂督导组和以年级骨干教师为主的课堂验评组，每天不定期地深入班级督导、验评教师教学情况、学生预习和展示情况。个性问题课后当即解决，共性问题例会上集中解决。

（2）晨会制度。年组每天早上用15分钟左右的时间召开晨会，对前一天教师作课情况进行反馈，同时由一名教师对授课情况进行课改专题反思。

（3）包组制度。科任教师承包班级学习小组，负责该小组成员的学习、生活情况。

（4）包科制度。学校选出6名中层以上干部深入到具体学科中，监控导学案设计制作的全过程；审查教师设计的导学案是否从学生的实际出发，是否进行教材整合，是否进行分层设计，环节是否完整等，合格后方可印刷。

（5）督导制度。由校级领导成立的督导组，每天深入班级督导、检查教师上课情况，发现问题及时纠正。

（6）测评制度。形成学生评价教师、教师互评、领导评价教师互评的测评系统，保证对教学行为、教学保障、教学效果的评价公正客观，且有参考价值。

3. 一项评价

为促进教师专业化发展，学校制订了详细的《铁力市二中教师发展性评价细则》，并严格按照评价细则对教师日常工作进行考核。对于在业务上有突出表现的教师，不吝惜嘉奖；无论哪位教师对学校做出了贡献，学校都会及时奖励，并计入教师发展性评价档案，作为评优晋级的依据。此举在全体教师中营造出了一个公平竞争、力争上游的良好工作氛围，也让教师体验到了成功的喜悦。

问题 44：高效课堂学生讲得多，老师讲得少，功夫在课外。一些基本功稍差的年轻老师面临巨大压力，学校能为此做些什么？

高效课堂和传统课堂最大的区别是主体不同。传统课堂教师是主体，而高效课堂是双主体，即教师和学生。高效课堂下，教师是学生的合作者，引导者，课堂是民主的课堂。只要学生会的教师就不讲，教师只是点评、激励、追问，知识是由学生合作探究完成，这就需要教师转换角色。有人认为教师讲得少了，年轻教师因此就得不到锻炼，这样的认识是不对的。表面上教师讲的是少了，但教师需要提前精心设计出适合学情的导学案，需要提前去预设，课堂上需要时刻准备应对学生生成的问题，这样教师需要提前查阅各种资料，任务量反而在加重，因此更加能得到锻炼。

课改对每位教师都是考验，尤其是对年轻教师。他们教学生涯短，知识量储备不足，驾驭课堂能力不强，个别教师压力很大，对这部分教师，学校更应该及时关注。我们的做法是：

1. 实行"青蓝工程"，师徒结对，教师间结成帮扶对子，以老带新，以强带弱。年轻教师知识素养高、有工作热情、易于接受先进理念，但欠缺教学经验，往往不能把高效课堂做实、做细；而老教师们经验丰富、专业水平高，虽然理念转换不如青年人快，但在投身课堂改革之后表现出高超的教学智慧和极强的驾驭课堂能力。为了充分发挥老教师的作用，促进全体教师素质的迅速提升，我们学校启动了"青蓝工程"。目的就是要用最短时间打造出一支素质精良、业务过硬、作风扎实、纪律严明、结构合理、高素质的教师队伍，实现学校"1＋3"课堂教学改革的可持续发展。铁力二中的 13 位优秀教师成为指导教师，他们师德高尚、敬业乐教，具有丰富的教育教学经验。至今共有 26 名教师与这 13 位教师建立了师徒关系。确定了师徒关系之后，他们各有职责和义务，有经验的老教师给年青老师上示范课，青年教师请老教师听课、评课，给予指导，课后召开教研会，互相探讨，共同进步。师徒达成协议，留待期末时检验。教师中间的学术气氛一下子浓厚了起来，形成了互帮互助、虚心求教的良好学术氛围。

2. 领导帮扶。学校业务领导分配指标，对基本功较弱的教师进行承包。实行集体备课、定期听课、随时解惑，促进年轻教师快速成长。

3. 激励评价。看到一些基本功较弱的老师的优点就及时表扬，让他们感受到领导的关怀，让他们充满自信，卸下包袱轻车前行。

4. 适时培训。除了校本培训之外，找机会让他们外出学习，让这些年轻教师拓宽视野、增长见识，提高对高效课堂的认识，学习驾驭课堂的方法。

问题 45：课改过程中，一些班级成绩下降了，教师对课改产生了疑虑，这个问题怎么解决？

课改进行中，一些班级成绩有所下降，个别教师对课改产生疑虑，这是课改中常见的问题，出现这样的问题可能有以下几个原因：

1. 课堂的操作程序有问题。

2. 教师的操作环节有问题。

3. 学生需要一个适应过程，学生成绩下降是暂时的现象。

针对上述问题可以采取以下办法尝试解决：

1. 邀请专家到校诊断，诊断问题出在哪里，如何解决。

2. 深入教师授课班级调研，查清问题出现的原因，是教师的问题还是学生的问题，拿出整改意见。

3. 课改不是一蹴而就的事情，教师、学生都有一个适应过程。课改初期，已经适应了传授式教法的一些学生，习惯了老师讲学生听，对自主预习、合作探究形式不适应，找不到良好的学习路径，这是可以理解的。一旦学生学会了自主预习的方法和合作探究形式，学习成绩就一定会提高，这是不容置疑的，是许多课改学校已经证明了的。

问题 46：课改后，教师的工作量加大了，怎样让教师感受到职业尊严和职业幸福？

走在课改前列的教师，他们的职业幸福感不是用工作衡量的，而是考量在职业生涯中做了哪些有意义的事，获得了多大的发展。铁力二中的教师在"1＋3"课堂教学模式推行中，也伴随着课改在不断成长。

一、备研合一——教师在集体教研中成长

我校建校时间短，应届毕业生是学校教学主体，一般来说，如果碰到一个刚毕业的年轻教师，学生也就成了教师成长期的实验品。面对这种状况，我们意识到，只有通过校本教研，把备课和教研结合起来，才能不断提升教师的专业水平，使教师在"自我反思、同伴互助、专家引领"的过程中学习和实施新的课程理念。于是在编制导学案过程中，我们采取集体备课的做法，这样的备课周期比较长，看起来有些烦琐，但却务实有效、可操作性强、过程完备、环环相扣，即使有个别教师不认真，也很难在整个过程敷衍过关；即使有的青年教师经验不足，在这个过程中也会受到老教师的指点和帮助。这是一个不断打磨、不断提升的过程。优秀教师的经验得以扩散，集体的智慧得以发挥，教师专业水准不断提高，校本教研的功效和过程得到了落实。

二、教学相长——促进教师能力提升

教与学相互促进，相辅相成。教师上课也是"上学"，在生生互动、师生互动的激荡和交流中，师生成为建立在平等基础上的学习伙伴，通过教学活动相互启发，共同提高。我们的课堂搭建了这样一个平台：搬走讲桌，小组合作，建立师生平等对话的条件，取长补短，向自己的学生学习。这才是成功的秘诀。

有一次，一位资深老教师上课，简单的问题学生展示得很好，到了一道有一定难度题时，教师说："这道题有难度，老师讲吧。"说完就开始按他设计好的思路津津乐道地讲了起来，讲完后问学生还有问题吗？没想到一名学生跑到黑板前表示有更简单的解法。学生在板前讲了比教师更简单做法，教师刚说好，话音未落，又有一名学生冲到黑板前说："我有更简单的方法。"几句话把复杂问题更简单化了。这位教师既高兴又尴尬，高兴的是学生能有这么多的想法，尴尬的是教师认为很难的问

题竟然没有学生解决得好。课后，这位教师很感慨地说："今天学生给我上了一课，没想到学生这么活跃，表现欲望这么强，有那么多解法，感觉自己成了'悲剧英雄'——嗓子哑了，身子累垮了，结果却是事与愿违。我这样下去不行了，有效课堂必须激发和调动学生的学习积极性。这一堂课，学生生成的是我没预设到的。在这个班级中，我应该是最优秀的学习者，在成就学生发展中，去体会与学生合作的意义。"

三、整体联动——为职业生命添彩

"1＋3"课堂教学模式对教师教法、教风、教学理念的新要求把老教师和年轻教师拉到同一起跑线上，缩短了新老教师之间的差距，年轻教师随时有超越老教师的可能。为了捍卫自己的尊严，老教师要不断学习、不断研究，从而有效地克服了职业倦怠。这也让老教师们产生了"长江后浪推前浪"的危机感，他们焕发了职业的青春，孜孜不倦地学习教育理论，潜下心来编制导学案、研究教育教法。老教师的言传身教影响着年轻人，唤起了全校教师你追我赶的工作热情。

四、业成于研——向学者型教师发展

"1＋3"课堂教学模式极大地调动了教师的科研积极性，新课改使全校教师实现了由再现型教师向研究型教师的转变。

再现型教师只是再现知识，以课堂与书本为中心，强调灌输式教学；研究型教师关注现实和学科教学发展前沿，把教学和研究结合在一起。研究和反思是我校教师成长的捷径，是教师由"教书匠"转为"教育家"的前提条件，也是教师持续进步的基础。学校教师的论文集和教学反思集已经结集出版，同时，教师还争当课程设计和开发的专家。他们以学情为出发点，整合利用学生、教师资源，以及课内外各学科资源。学校以语文学科为突破口进行教材整合，编制校本教材，选择适合学情的内容。同时，设计了"1＋3"课堂教学模式下语文散文、小说等新课型，使"1＋3"课堂教学模式呈现出鲜明的学科特色。教师们还针对"1＋3"

课程模式改革，进行了 16 个子课题的研究，现已获得了阶段性成果，并已经应用在教学实践当中。

曾有一位前来学习的老师疑惑地问："工作这么忙碌，你们有幸福感吗？"我们的回答是肯定的。"1＋3"课堂教学模式改革将教师从"对牛弹琴"的尴尬境地中解放出来，使教师变成了学习的组织者、指导者、参与者，他们不是学生的对立面，而是学生的引路人。每天在课堂上看到的是学生自信地展示、认真地交流、激情地表现，体现的是质疑生成能力、合作探究能力、团队协作能力，教师只是他们学习的参与者、见证者、激赏者，这样的课堂不但学生是快乐的，教师同样也是快乐的。教师感觉到的是职业的幸福感，享受的是职业的尊严。

当落榜的考卷变成工整的学案，当从前上课就睡觉的学生站在黑板前侃侃而谈，当课堂上的顶撞老师变成辩论赛中的唇枪舌剑，我们所有的辛苦都化作了一种幸福，这种职业的成就感不能用金钱去衡量，我们的教师在这样的课堂上拥有了自信、尊严和成就感。教育不再是一份养家糊口的工作，而是一项塑造灵魂的事业。

问题 47：有的老师说："一课改，自己忙得天昏地暗，哪有时间反思教学？"这个问题怎么解决？

课改校，无论是领导还是教师确实挺忙，因为导学案的设计需要提前一周完成，而且需要二次、三次备课，需要时刻查阅课外资料准备应对课堂上学生随时生成的问题，要对学科小组长进行定期培训，课上还要及时关注每个学生展示的语言、准确度、聚焦度等，应该说每位真正投入到课改中的教师不忙是不现实的。但忙要有序，在忙中更要不断反思，反思是教师进步的阶梯。我校教师反思有以下做法：

1. 每节课后及时书写反思。每页教学案中都设有"课后反思"一栏，供教师在课后及时进行教学反思。在这里，教师可以及时记下本节课成功的尝试、精彩的片段；也可以及时反省自己在教学中的失误，并简要进行方法上的修正，以备下节课及时改正。由于这种反思即时性强，所以更贴近平时教学，有利于规范教学行为。

2. 利用每天年组晨会进行反思。年组晨会的反思针对本学科一周以来的教学实践总结经验，吸取教训，提出建议，交流困惑。

3. 培训后进行及时反思。每次校级培训、专家培训、外出学习讲座之后，全体教师都要就培训的内容进行学习反思，结合本学科的教学实际和本班的学情，写出自己学习后的收获和今后的工作思路，及时沉淀学习成果。

4. 同伴互助进行反思。在备课组内进行即时性的互助反思，并及时将反思结果及时书写在备课记录上。

每学期期末，教研部门都要向全体教师征集教学反思、论文，作为日常考核的一部分，并选择其中优秀的文章编成反思集、论文集。通过以上教学反思，教师专业素养迅速得到提升。

附件：课改教师的光辉足迹

有梦最美　希望相随
——教师在课改中的收获

一、提高业务素质

教师育人理念转变了，成长的步伐加快了。集智备课使优秀教师的经验得以传播，集体的智慧得以发挥，教师专业水准得以不断提高。在生生互动、师生互动的激荡和交流中，教师与学生成了建立在平等基础上的学习伙伴，通过教学活动相互启发，共同提高。通过"整体联动"消除了老教师的职业倦怠；借助"青蓝工程"缩短了青年教师成长的进程。新课改把教学和研究结合在一起，研究和反思是教师成长的关键。

二、感受职业幸福

"1＋3"课堂教学改革将教师从"曲高和寡"的尴尬境地中解放出来，使得师生关系更加融洽了。教师在这样的课堂上拥有了更多的自信、尊严和成就感，教育不再是一份养家糊口的工作，而成为一项唤醒良知的事业。近年来，铁力二中教师获得省级优质课 40 节，伊春市级优质课 78 节，铁力市级优质课 30 节，完成课改材料汇编 3 册、"导学案"汇编

2 册、论文集 1 册、教育叙事集 1 册。

2012 年初，我校历史教师白春阳、生物教师谭凤英被黑龙江省教育学院聘为专家团成员给全省高中学科骨干教师讲座，之后白春阳老师又被牡丹江教育学院邀请为牡丹江全体历史教师讲学。我校闫庚义副校长受黑龙江省教育学会的邀请，在教育学会全省教学年会上做了业务讲座，介绍了我校的课改经验；12 月，在第一届全国现代课堂广州白云课博会上，我校朱雅芳老师在参赛的 90 节课中排在第 13 名，获得三等奖，闫庚义被聘为课堂点评嘉宾。

2013 年 4 月，受伊春市教育局邀请，教务处主任李春阳为伊春市小学校长做业务培训，之后又受邀到市教育局中心学习组为教育局机关领导进行讲座；伊春市教育局邀请闫庚义为伊春地区中学校长做业务讲座；2012 年 9 月 26 日，中国教师报·全国教师培训基地举办的"我影响未来"高效课堂第三届全国课改名校长公益培训会上，闫庚义参加了访谈；2013 年 5 月，闫庚义赴宁波、安徽做讲座，朱亚芳、吴丹老师赴湖北赤壁讲座，鲁仁婷、张玲、徐书杰三位老师赴海南作课开讲；鲁仁婷主任受邀参加郑州一中课改教研会议，袁茵老师到甘肃进行课改培训。

2014 年年初，鲁仁婷、吴博超、徐书杰三位老师又到吉林长白山为池北一中进行高效课堂培训。我校培训者的足迹遍布大江南北，长城内外。作为中国教师报·名校共同体成员，享受教育专家的礼遇，所到之处备受尊敬。由于课改业绩突出，2014 年，我校李春阳成为伊春市两位受聘为省督学的领导之一，这说明我校的课改有助于全省课改的推行，具有理论价值和参考作用，是对我校工作的认可和肯定。我校教师在传播课改理念的同时，也开阔了视野、增长了见识、提升了高度，体验到了作为课改先锋的骄傲和自豪，这种职业的成就感和自豪感是任何东西都换不来的。

（朱亚芳）

课改，原来如此美丽

——教师代表在伊春市教学改革现场会上的发言

作为一名普通教师，在七年的课改进程中，我有过艰辛，有过困惑，也有过徘徊，但我感到更多的是快乐、幸福。在新课改进程中，我与二中的老师同体验、同感悟、同成长。今天，我代表二中全体教师向各位专家、领导汇报我们教师团队几年来的经历和收获。

一、理念先行明方向

很惭愧，曾经的我在学校的课改中是个"后进生"。一直以来，我很喜欢静静地与学生交往，喜欢侃侃而谈独自讲课；特别崇尚博闻强识、在课堂上凭一己之力挥洒魅力就能吸引学生学习的教师。所以在课改之初，我从心里就有些想法——学生讲得再好能有老师讲得好吗？我的学生时代就是在老师"一言堂"下度过的，课堂上虽然有些不快乐，但敢怒不敢言，老师的"权威"不容置疑呀！如今自己当了老师，课前把问题交给学生去预习，课上把问题交给学生来展示，教师只是参与者、合作者，是导演，这样的课堂能行吗？带着质疑的心态，我加入了学校的课改行列。

刚开始时，教务处主任去听我的英语课，我满怀信心、情绪激昂、口干舌燥地讲完了一节新课，还自我感觉良好，更期待主任的褒奖，结果主任说我讲得太多，控制学生太紧，没有充分发掘学生的质疑生成能力、团队合作能力、展示提升能力，与高效课堂的要求距离还很大。主任的措辞虽然委婉，但一直自以为优秀的我还是很不服气，偷偷地去听了主任推荐的课改优秀教师的课。听课的当天我内心受到了很大的震撼：学生踊跃的展示、教师精彩的点拨、课堂质疑的生成、教师及时的评价都是那样的环环相扣，一气呵成，就像在看一部难忘的电影。对照自己的课堂，感觉差距很大。现在回想起来，我明白了校领导当初强力推进课堂教学改革的良苦用心。受到触动后，我这个"后进生"思想慢慢开始转变了。

在以后的时间里，我在网上观看杜郎口中学课堂实录，查阅有关课改的先进理念与书籍，积极参与我校的说课、作课、评课活动，拜师学艺，还多次邀请领导、同事听我的课。渐渐地，我在大脑中初步形成了新的教学模式的理念。

中国教师报·全国教师培训基地的专家团队来我校进行高效课堂理念培训，举办了同课异构、体验式小组建设、导学案的制作与使用等专题讲座，让我受益匪浅。专家的话语至今我还牢记在心：相信学生，解放学生，开发学生，发展学生。

如今，我努力将课堂还给学生。通过学生自主预习锻炼学生自学能力；通过小组交流研讨，锻炼学生团队合作能力；通过学生展示提升，锻炼学生口语表达能力。我在课堂上往往是"知而不道""欲言又止"，关键时刻"抛砖引玉""画龙点睛"，我这个"后进生"如今已经成为"课改优等生"，我的课堂也彻底和传统课堂说再见了。

二、师生共赢展风采

新课改要求教师要切实转变观念，着力转变学生的学习方式，引导学生自主探究，合作学习。过去课堂上"教师讲，学生听；教师说，学生记"的场景，现在几乎看不到了，如今我校的课堂把重点放在关注学生学习的状态上，放在引导学生质疑、解疑、实践、体验上，给学生时间，让他们读、悟、思、展、练，让他们积极交流、大胆质疑。苏霍姆林斯基在《给教师的建议》中写道："如果学生亲自去研究和发现了某种东西，亲自去把握具体的事实和现象，那么这种驾驭知识的情感就会更加强烈。"

记得听过同事白春阳老师的一节历史课，课上要探究有关"甲午海战"的一些问题。课上老师把几个问题抛给学生："你们注意到海战的一些细节了吗？——比如邓世昌抱着爱犬投海效国，官兵在炮筒上晾晒衣物，'致远号'军舰打光炮弹后试图撞沉日本军舰结果被击沉等，说明了什么问题？"

学生们开始了热烈的讨论，并积极展示。有的说，邓世昌在军舰上养猎犬、官兵在炮筒上晾晒衣物，可能说明北洋水师军纪比较松散；"致远号"军舰未击沉日本舰，说明平时训练和战术素养可能不够，或是武器不够先进；炮弹打光，可能是备战不充分的结果。

同学们展开了充分的想象和合理的推断，而那些答案都是我们不曾在教科书上看到的。一节课下来，教师寥寥数语，却点燃了学生智慧的火花，既体现了教师的功力，又充分挖掘了学生的思维潜力，一举两得。

鲁仁婷老师带领的"赫彧"班，从班名到班歌，都是学生集体智慧的结晶。学生自创的课改之歌《炫舞台》至今还萦绕在我们的脑海，那是学生们智慧的体现，更是学生活力的迸发。

记得高二（6）班有一节化学课，由于老师临时有事，班主任过来代课，学生们却早已按照导学案的提示做好了板前展示。班主任灵机一动：何不让学生自己展示这节课？于是在班主任的鼓励下，小组长们行动起来。从研讨到展示，从质疑到检测，整堂课都是由学生自己完成的，虽然个别知识点展示得还不是太到位，但学生还是那样的自如、自信、自豪，这也是我校课改成果精彩的一笔。

三、团队合作凝智慧

在传统课堂上，教师往往是在自编、自导、自演，自成一体。而在我校的课改中，则体现的是团队合作的智慧。

集体备课要做到"一个结合、两个发挥"，即集体备课和个人备课相结合，充分发挥骨干教师的作用，充分发挥集体的智慧。教师要对导学案提前设计，教研组进行二次备课，对教材进行整合，这极大地锻炼了教师整合教材的能力。

学校组织的"说作评"活动促进我们教师的专业化快速成长。每天的作课、评课会上大家都会毫无保留地把自己的想法说出来，没有丝毫的私心杂念。只有中肯的意见，到位的点评，才能让每位教师都对自己的不足有所认识并有方向可寻。每天年组晨会上，验评员及时反馈前一天作课教师的优缺点，以便我们及时借鉴。

学校给配备了大量有关课改的书籍，通过阅读，写读书笔记、心得体会、教学札记等，我们不但开阔了视野，更丰富了自身的课改理念，在这个理念的引领下，更加熟悉课改，并不断践行、不断创新，从而让"1+3"课堂教学模式的内涵更加丰富、更有魅力、更具创新。

团队合作让我真切感受到了教师个体提升与团队协作共赢的真谛。

四、教学改革结硕果

课改仅仅进行了五年，但我校教师既更新了育人理念，也改变了育人观念，更收获了累累硕果。而我更是课改的最大获益者之一。我先后被评为校级课改先进个人、铁力市优秀教师以及伊春市和省级优质课教师。在教育界，虽然年轻不是我们的优势，但新课改让我们走到了同一起跑线上，让更多的年轻教师有了施展才华的平台。我坚信我们会一直坚实地走好每一步，力争成为课改舞台最美的舞者。

"课改的旗帜正飘扬，二中人乘风破浪；岁岁的进步硕果满仓，年年迈向新的辉煌……"这首《课改之歌》是我有感而发即兴的拙作。我骄傲，因为我是时代课改的先锋；我快乐，因为我是学生成长的伙伴；我幸福，因为我是二中的教师。在这里不仅实现了自己梦想，还因我的青春与课改一起飞翔。

这就是我和课改的故事，想说的事儿还有很多。在这个大家庭里，每天都有很多新鲜事儿，每个人身上都承载着很多故事。总之，课改让我收获了付出后的甜蜜，体验到了做教师的快乐。

五年来的课改实践，让我真真切切地感受到：课改，原来如此美丽！

（吴　丹）

大雪压青松，
青松挺且直。

柒

社会压力的出现与消除

导言：且悟且行

　　课改注定是一段备受争议的旅程。在争议中，我们坚定信念，砥砺前行。在一点一滴地得到社会认可的过程中，我们对课改也有许多切身的感悟。

　　感悟一：转变教育观念是课堂教学改革进行的前提。理念是行动的先导，缺乏先进的理念是无法引领课堂教学改革的。

　　感悟二：先进的教学模式是课堂教学改革的重要载体（课改初期要有基本规范：课堂模式、师生评价、小组建设、导学案制作、学生展示）。教无定法，贵在得法。教学的关键是如何贴近学生的最近发展区。找准了最近发展区，学生定能取得进步，消除疑虑。

　　感悟三：课堂教学改革创新是提高学生综合素质能力的关键。适应自我是传统教育的弊端，而超越自我则是创新的前提。"1＋3"课堂教学模式试图验证"超越自我"高于"适应自我"。

　　感悟四：课堂教学改革是促进教师专业化发展的主渠道。课堂是师生共同成长的地方，是师生生命力迸发的场景，离开了课堂，改革便是无本之木、无源之水。

　　感悟五：完善评价机制是课堂教学改革成功的保障。实行扬长式评价，鼓励师生在自我省察、自我调整、自我发展中实现成功。

感悟六：现代课堂与传统课堂对人的培养效果差异很大。传统课堂短期高效，中期有效，长期无效，长远有害；现代课堂短期低效，中期有效，长期高效，长远有益。

感悟七：课改成在教师，败在校长。课改是"一把手"工程，一个好校长就是一所好学校，校长的理念就是学校的理念；校长不想改，只能是树根不动，树梢乱摇。

感悟八：课改是促进学生发展、提高成绩的有效途径。我校学生从不愿学习到主动学习，从不会学习到会学习，成绩自然提高了。

"1+3"课堂教学模式与其说是一种课堂模式的改革，不如说是教学与课程文化的一场革命，是学校文化的"再造"。在这场革命中，教育的实质得以显现："使人更像人，使人更高大。"

总的来说，"1+3"课堂教学模式就是致力于用课堂教学改革唤醒学生沉睡的潜能，激活封存的记忆，开启幽闭的心智，播下自信的种子；用课改平台实现教师的超越和发展，成就教师职业幸福；为学生的未来奠基，为教师的未来助力，创造出"心灵荒漠变绿洲"的奇迹，以期最终实现"快乐学习，幸福人生"的终极目标。从这个目标来看，暂时的压力又算得了什么呢？

问题 48：学生受传统教学方式的影响很深，怕老师不讲了学不会，反对课改怎么办？

学生中的这种思想，是源于部分不了解情况的家长和未接触过高效课堂的教师的误导。由于学生认知水平的限制，无法从一定高度认识到高效课堂模式的意义，也很容易受到外界的影响，进而出现排斥自学、不愿意展示等现象，这对于课改学校来说，是件很危险的事情。我们一般采取以下办法解决这个问题。

一、用内涵辟谣

要让学生知道，高效课堂不是教师什么都不讲了，放任自流让学生自己去学，那是不负责任的教育。高效课堂中，教师的主阵地从课上挪到了课外，教师精心编写的导学案本身就是对知识的把握和引导，学法指导就是教师的方法传授，课堂上精当的点拨提升就是教师的画龙点睛，合理的任务分配就是教师把握教学重点的行为。高效课堂是将原来被教师占据的学生自学的时间还给学生，减少传统课堂中教师所做的无用功，让课堂环节更紧凑、容量更大。那些说教师什么都不讲的说法是主观臆断，没有事实依据。

二、用事实说话

让学生看到上几届学长们取得的成绩，就会打消他们的疑虑。让学生看到课改几年来学校高考取得的成绩，看到高年级同学积极向上、勤奋扎实的学风，看到自主管理委员会有条不紊的工作状态，看到已经毕业的学生在大学里不仅成绩好，而且大多能力很强，许多人担任了学生会干部等职务，对未来发展大有好处等。当学生看到了这些，他们就会意识到，高效课堂所培养的人的综合素质，才是当今社会最重要的。

三、用体验证明

让学生亲身融入高效课堂的学习之中，严格要求他们按照高效课堂的要求进行学习。高效课堂不是乱哄哄的课堂，表面的热闹下有严格的要求，那就是无论采用哪种形式学习，都必须做到全身心投入到学习中，任何违纪行为，在高效课堂上也是不会得到纵容的，会通过公正的评价显现出来。高效课堂不是没有衡量学生的标准，而是不把成绩作为唯一的标准，其衡量的标准更科学、更精细。让学生们亲身感受到自主学习之后自己的点滴进步，感受到教师精讲的高水平，感受到自己从不听课到主动参与学习，从一点儿不会到掌握了大量的知识，他们的疑虑也就消除了。

四、用效果对比

经过一段时间的学习之后，可以把学生的成绩与实行传统教学的学校同等学生进行比较。以同等中考成绩入学的学生，经过一段时间学习，我校的学生要比不课改学校的学生成绩高 5％，到了高三，总分要高几十分甚至一百多分，这足以向学生证实高效课堂的作用。

问题 49：社会上以讹传讹，说课改学校老师不讲课，因而造成学校形象受损，导致家长反对课改怎么办？

高效课堂是新生事物，社会对新生事物是需要一段时间去适应并认可的，但新生事物的前途是光明的，只要在曲折的发展阶段里，能够坚持不懈，灵活采取各种方法，一定能够突破传统，走出困境。在塑造社会形象方面我们采取了以下做法。

一、家校联系

定期举办别开生面的家长会，请家长走进班级，与学生一起交流学习生活的感受。班主任老师也借此机会与家长进行深入的沟通交流，向家长讲清高效课堂的实质，用图片、宣传片和学生的实际变化让家长了解课改，真正认同课改。

二、媒体宣传

课堂教学改革关系到千家万户，并不仅仅是教育部门的事，因此，我校很重视对课改的宣传。除了借助电视台、报纸等媒体进行宣传之外，我校还制作了专题宣传片，建立了学校主页，同时我们还在市内主要街道悬挂宣传横幅，将我校的课改的开展情况向全市人民汇报。

三、活动宣传

除此之外，我校还举行了一系列与课改相关的活动，如书画大赛、英语嘉年华、读书汇报会、师生艺术节等，邀请伊春市、铁力市各级领导、教育界同仁、社会各界人士、学生家长前来观看，展示我校课改以来取得的成绩和学生的变化。同时，我校每年举办一次年会。从 2009 年至今，我们已经成功举办了多场省市年会并获得了各级领导的一致赞扬，也在省内产生了巨大的影响。通过年会的举办，我校的课改深入人心，获得了社会的认可。

四、义务送教

为了让课堂教学改革的先进理念在全市得到推广，我校还为本市的初中学校进行培训，并为他们送教，让本市其他学校的教师不必外出学习就能掌握高效课堂的理论和教学方法，让本市的初中学生和家长了解我校的高效课堂，扩大影响。

总的说来，讹传是因为不了解，只要学校善于运用正面宣传的方法，消除成见，拿出成绩，就会得到全社会的认同。

问题 50：生源质量差，怎样解决课改过程中学生升学的问题？

很多课改学校都面临着生源质量差的问题，怎样让这部分学生既能学到知识，又能在高考时取得令人满意的成绩呢？

首先，学校要增强"管理出效益"的意识。管理决定效益，效益折射管理。教学上一切问题皆是教学管理的派生。反思管理问题要先于责问教学问题，责问教师应先反观决策。管理要精细化、民主化、制度化、合理化，要有先进性、灵活性、创造性、驱动性。我校学校领导平易近人，与师生打成一片，走近学生，随时了解学生学习和生活情况，及时解决问题，学校形成了民主和谐的环境氛围。

第二，课堂问题不是教学理念，而是运用和方法。在听课过程中我们发现，高效课堂教学开展得很好的恰恰是中老年教师。他们经验丰富，教法成熟，能深入理解教学内容和高效课堂理念，正确处理教与学的关系，有分寸地把握课堂各环节；而刚刚从事教学工作的年轻教师，他们的课堂教学问题也不是对高效课堂理念的接受程度，而是理解程度和运用程度。因此，及时帮助这些老师教学进步和成长，是当前课堂教学改革的工作重点。

第三，向课堂要质量，提升办学品质。课堂是学校的心脏，任何脱离课堂建设的改革举措都不能提升学校的影响力，因此，加强课堂教学的管理和研究才是学校务实的工作作风。

第四，加强教研，推进教改。很多学校普遍没有形成务实的教研风气。教研不只是集体听课、评课、备课，还包括总结归纳、探讨建模、学习理论、培训教师等等。要通过系统的教研模式，促进教学程序化，避免教学随意性和盲目性。

第五，培养学生学习兴趣，激发活力，巩固、扩充生源。首先，搞活课堂，激发学生学习兴趣和积极性，学生爱上学习才会爱上老师、学校，学生爱上学习才能提高教学质量。质量是生源数量的根本保障。其次，加强校园软环境建设，营造学习氛围，培育读书意识。

第六，强化班级管理，净化班风，培育学风。生源较差的学校，学生学习习惯和行为习惯往往不好，大多数班风气不正，学风不浓。因此，班主任要增强责任感，加大工作重力，优化工作方法，增加监管细度和密度，除邪气，树正气；科任教师要积极配合班主任参与班级管理，要相信学生，鼓励学生，不能因为学生"基础差，学不懂"而迁就学生，甚至放任自流。班主任要狠抓预习环节和交流研讨环节的实效。对于习惯极差的学生，爱心是必需的，惩罚也是有效的；要灵活运用评价机制，先改变学生的学习习惯和行为习惯，然后再培养学生的学习兴趣，发展学生的学习力，这样才能提高教学质量，提升办学品质。

最后，走特色办学之路，为学生开辟高考捷径。根据学生的实际，铁力二中校领导从学生前途和学校的长远发展考虑，广泛征求学生和家长的意见，并多次到一些艺体示范校考察、调研，经过一年的研究论证，决定以培养艺体特长生为我校学生的主要教育方向。为了保证我校学生的术科成绩，校领导亲自外出联系正规的艺术院校。2011年，我校与哈尔滨龙艺美术学校签约，在我校设立美术生培训班。同时，我校又与哈尔滨师范大学签约，成为哈尔滨师范大学艺术生培训基地。龙艺美术和师大艺术学院均派出有经验的美术老师来指导我校美术生，让我校学生不用花费高额资金外出学习，也能受到高水平的美术教育，保证美术特长生的术科成绩顺利过关。与此同时，我校还根据特长生的高考方向专门划分了学前教育特长班和体育特长班，设置专业课教师对他们进行术科指导。学生平时与文化课班级一起学习文化课，自习时间练习特长，既夯实了他们的文化课基础，同时也保证了他们高考特长成绩过关，这样，仅凭文化课完全无缘高校的学生，就有机会考上一所好大学了。

附件：课改心路

乘势而上　顺势而为

——铁力二中课改历程和收获

一、改革源于责任

建校之初，我校面临着许多不利情况。一是对于新课程、新教材，我们知之甚少。二是新组建的教师队伍比例失调。三分之一的教师是来自周边林业局的骨干教师，他们有教学经验但缺乏反思与创新；三分之二的教师是刚毕业的大学生，他们有激情和热情但缺乏教学经验。三是生源极差。我校学生都是来自铁力市没有考上省重点、省示范和市重点高中的考生，对于这些"学困生"，学校教学难度和管理难度可想而知。四是从地理位置来看，学校西边是铁力一中，东边是马永顺中学，北边是铁力农场中学，我校处在三校夹缝之间。学校能否继续生存下去，对我们来说，是巨大挑战。面对这些不利情况，我们陷入了深深的困惑之中：学生在学校三年应该学什么？什么样的课堂教学才是高效的？教师如何获得职业幸福感？学校怎样才能生存下去？……源于对学生、教师和学校发展的使命感，校长刘强带领我们经过反复研究和论证，结合我校的实际情况，对传统的课堂教学模式进行了大胆改革，"1＋3"课堂教学模式应运而生。

二、改革成于探索

2008年10月，学校出台了《铁力二中课程改革实施意见》，并决定把高一年级组的一班和五班作为试点班级。首先改变班级的物理环境，班级前后都设有黑板，取消了老师讲台，学生座位由"秧田式"变为"单元式"；其次对教师准备教学提出了新的要求，教师要设计导学案，提前一天发给学生，并利用晚自习进班为学生答疑解惑；最后对课堂教学提出了明确的环节要求，即交流研讨、展示提升、效果校验。这些措施的实施，形成了"1＋3"课堂教学模式的雏形。

1. 更新观念，凸显引领作用

课改之初，困难重重。一方面源于教师对新课堂教学模式的把握不够，另一方面源于教师观念转变的困难。部分教师阳奉阴违，学校查得严，就按模式操作，否则就搞"满堂灌"。

为了走出困境，校领导到班级走课、看课、听课，亲自督导教师作课，对思想拖后或不按课堂程序操作的部分教师先诫勉谈话，再找专人进行帮带；讲课不过关的教师先停课，培训合格后才能走上讲台。全体教师逐步行动起来后，学生的学习成绩有了大幅度的提高。更重要的是，学生自我管理、自我教育的意识明显增强。教师们心里有了底气，觉得"1＋3"课堂教学模式可行，教学观念也自觉转变了。2009年9月，课改在我校全面铺开。

2. 行动研究，注重持续改进

"1＋3"课堂教学模式重在把握教与学的规律，调控教与学的过程，营造良好的课堂氛围。自 2009 年我校第一届教学年会对"1＋3"课堂教学模式教学经验进行总结提升之后,我们通过行动研究,边研究边实践边改进。

一是研究"学案导学"的实效性。在"导"字上下功夫,强化教师整合教材的能力,注重学法指导,充分考虑学情,保障学生自主的"学习权"。

二是研究教学策略的针对性。关注学生交流研讨的针对性,强化学生书写的规范性、点评的科学性、质疑的合理性、生成的及时性,强化教师点拨的精度、追问的广度和释疑的深度。

三是研究跟进措施的持续性。我们要求教师从教学环节入手,确立行动研究专题,以"尝试课""汇报课""研讨课""示范课""引领课"为载体研究教师课堂行为变化,重点在"改进"上想策略。

四是研究解决问题的策略性。课改之初,教师存在很多困惑,为了解决问题,我们加大了校本教研的力度,从困惑中提炼出问题,把问题转变成课题,鼓励教师在教学实践中研究解决,最终形成了我们现在学校的论文集和反思集。其次,我们从教学研究的高度总结课改经验,提升理论水平,从而更好地指导教学实践。最后,我们"走出去,请进来",带着问题和困惑外出考察学习,请专家到校指导。在解决问题同时,"1＋3"课堂教学模式的细节也不断打磨成熟。

在倡导行动研究和注重持续改进的同时,我们还注重进行三级培训:首先培训学科带头人,进而培训全体教师,最后再由全体教师培训全校学生。这种完善的培训体系保证了新教师和新同学能够在最短的时间内适应"1＋3"课堂教学模式。2010 年,"1＋3"课堂教学模式实现了系统化、规范化。

三、改革胜在坚持

七年的课改，使得我们这所名不见经传的"四类高中"发生了深刻的变化，取得了长足的发展。目前，在创新课堂模式、创新管理模式的引领下，我校的师生面貌焕然一新，校园文化色彩纷呈，课堂教学凸显特色，学校管理科学人文，社会认可度也大为提高。尤其值得一提的是，我们在课改的舞台上发出了越来越大的声音：

2009 年 12 月，学校召开了首届教学年会，铁力市 10 余所初中和高中 100 余人参加；2010 年 12 月，学校承办了伊春市普通高中课堂教学改革研讨会暨第二届教学年会，伊春市 15 所一般高中和铁力市 10 余所初中 300 余人参加；2011 年 6 月，学校被省教育厅命名为全省首批普通高中多样化特色化发展试点学校；2011 年 11 月，我校承办了全省普通高中课堂教学改革现场会议；《中国教育报》记者廉世民以"我的课堂我做主——黑龙江省铁力市第二中学课堂教学模式改革侧记"为题，对我校课改的历程和成就做了全面报道，将我校的课改理念推向了全国。

2012 年 6 月，我校加入中国教师报·名校共同体，成为一个中国教师报·全国教师培训基地；2013 年 5 月，我校承办了伊春市中小学校长教育改革实践活动，我校业务领导为全伊春市中小学校长作了业务讲座，我校的课改获得了市教育局领导的高度评价。截至 2013 年，我校已成功举办了 15 期"1＋3"课堂教学模式培训会，接待了 80 余所初、高中学校 1200 余人；2014 年年初，伊春教育局下发了《关于我市中小学课堂教学模式改革工作的意见》，在全市范围内号召学习铁力二中经验，推进课堂教学改革。我校已逐渐跻身于课改名校的行列。

应该说，是课堂教学改革让我校成为教育观念现代化、教学方法灵活化、教学手段综合化、学生学习主体化、教学管理科学化的特色高中。

教学改革使我们不但求得了生存，更使我们不断焕发出生机。

（闫庚义）

"1＋3 课堂教学"模式给我带来的快乐

我是一名身处课改浪潮中的幸运儿，之所以说我是一名幸运儿，是因为在这里，我收获了许多不曾具备的知识与素质。曾记得在初中时，我们的学习方式只是"老师讲，学生听，老师教，学生记"的被动听课方式，我们对这样的学习方式不感兴趣，我们不仅综合能力得不到提升，而且学习成绩也下降了。班级"干坐生"越来越多，一定程度上造成了我们与重点高中"失之交臂"的遗憾。

现在，我校实施的"1＋3"课堂教学模式，让我重新拾起了对学习的兴趣。这种把课堂还给我们，把时间还给我们，让我们学会自主学习、自主探究，从而提高学习效率的教学模式，深受我们的喜爱。现在学习对我们来说，不是痛苦而是一件快乐的事。听到这里，您也许会问真的有这么神奇吗？

举个例子来说，初到这里时，我也是抱着怀疑与不屑的态度，认为这些不过是形式主义，虚有其表，但"实践是检验真理的唯一标准"，渐渐地我发现，我开始适应了这种模式，并慢慢地喜欢上它。以前那个内向、胆小的我变得大方开朗，以前那个厌恶学习的我变得痴迷于课本，以前那个木讷、不善交际的我变得健谈、活跃，这些都是新的课堂教学模式带给我的转变，这要归功于校领导的英明决策。

为了把课改做好，学校还成立了验评组。每天我们都会看到校领导到各个班级听课和看课的身影。他们了解课堂动态，找我们座谈，征求我们的意见。老师课下会及时指导我们预习，课上让我们积极展示，通过自主预习培养我们良好的学习习惯，通过展示提升我们的思维和口语表达能力，通过小组交流研讨增强我们的团队意识和合作意识。在这样的课堂上学习，我们感到快乐，有这样的老师关心，我们感到欣慰，有这样的领导引领我们感到自信。

请老师放心，我们会好好学习；请家长放心，我们会快乐成长；请学校领导放心，我们会放飞理想。

（铁力二中 2012 届高三年级五班　张可欣）

沐浴唤醒教育的春风

——赴铁力市二中学习"1＋3"课堂教学模式有感

春寒料峭、乍暖还寒的三月，西林四中一行共 60 余位教师和行政人员在校长彭宏伟的带领下，风尘仆仆赶赴铁力市二中，开始了为期三天的学习之旅。

那天恰好是周一，冒着春天的严寒，我们和铁力二中的师生一道参加了升旗仪式，感受到了全体师生升旗时的庄严和肃穆。接下来，铁力市二中领导怀着满腔热情，专门向我们介绍了学校"1＋3"课堂教学模式提出的背景和内涵。实实在在、入情入理的讲座更激发了我们学习的热情和愿望。怀着憧憬和期待，新鲜和好奇，我们徜徉在教学楼走廊，欣赏充满创意和个性色彩的班级文化，感受同学们的才艺和教育者的慧心。每个班级都有魅力十足、个性鲜明的班名："小翰林""文澜班""赫或班"……走进班级，每个班级都有图书角，书架上一本本整齐排放的名著，加以吊兰等花卉的点缀，营造了小小的书香世界。班级里都有个性化的标语，如"人人参与，个个展示，体验成功，享受快乐""我的课堂我做主""课上展示一分钟，必定改变你一生"，这些创意都来自班级的同学。那温馨的家庭公约，班级同学的生日榜，教室前方的小黑板上源自学生心灵的饱含温情和哲理的天天寄语，都让你眼前一亮、心里一热。每个班级都有六个学习小组，每个小组也有别具一格的名字：晨曦、逐梦、籽耘、博志……我想这潜移默化的熏陶，充满人性和温情的教育，会让学生发自内心地向上、向善，这比苦口婆心或疾言厉色的教育要好得多。感受浓浓的文化氛围，人的心灵也不禁变得柔软和平静。

铁力市二中为我们这些取经者大开方便之门，我们心里满怀感谢。我们可以任意选择班级和年级，推门听课，甚至可以中途退出。我一共听了 13 节各种类型的原生态的常态课，领略了 9 位老师的风采。热情参与、主动学习的学生和老师共同诠释了学生参与度极高的高效课堂。

这些课共同的特色是学生先利用晚自习时间完成老师精心设计的导学案，之后老师在课堂上公布已批阅的学案的等级情况，引领学生在课堂上交流研讨，展示提升探究的成果。这种教学模式的成功，归功于班级学习小组的建设，归功于班主任的呕心沥血，归功于全体教师的精诚合作，归功于领导者的高瞻远瞩、率先垂范、人文管理。而每天下午第二节教师的作课和第三节现场评课给所有老师都留下了难以忘怀的深刻印象。评课全面、细致、中肯、毫无保留，这源于学校业务领导的正确引领，更源于每位老师的坦诚和大气。

囿于二中所处的地理位置和生源情况，这所很不起眼的、建校刚刚三年多的普通高中却创造出了奇迹。起初，学生厌学的情况相当严重，课堂上经常有睡觉现象发生。面对如此状况，学校领导励精图治，带领全体教师大胆改革，勇于创新，积极思考和探索教育教学的真谛和规律，创设高效的生生互动、师生互动的课堂，并取得了有目共睹的成绩。"教育的最终目的不是传授已有的东西，而是要把人的创造力量诱发出来，将生命感和价值感唤醒。"这段源自德国著名教育学家斯普朗格的话装裱在二中的四楼会议室，给我留下深刻印象。我想，二中的教育者们做到了。

"问渠那得清如许，为有源头活水来。"铁力市二中以坦诚的心态和开放的胸怀无偿接纳兄弟学校的参观学习，无论是领导和老师都抱着谦虚诚恳的态度和同行们切磋交流，感人至深。三天的学习给我们留下了深刻和美好的印象，学校领导和老师的学识素养和人格魅力给我们带来如沐春风的感觉。让我们心灵为之柔软，精神为之鼓舞。教育是需要唤醒的，学生需要老师的唤醒和引领，老师也需要激励和唤醒，沐浴在唤醒教育的春风里，我也被唤醒了。

（伊春市西林区四中　徐文彦）

在课改的海洋中扬帆起航
——参加中国教师报·铁力市二中教师培训基地培训感悟

有位教育家说过："微笑是一种力量，快乐是一种美德。"快乐的教师创造快乐的教育，快乐的教育成就快乐的学生。在教育工作岗位工作了20多年，我总是感觉不到教育的快乐，每天都在忙忙碌碌，回头看看走过的路，总是感觉没有成功的快感。我非常想通过自己勤奋地学习，刻苦地钻研，带着坚韧的毅力和探索的精神，营造出一种面朝大海、春暖花开的陶然境界，但路在何方？

随着基础教育课程改革的不断深入，我豁然开朗起来。为了与新课改一同成长，我在个人发展的人生坐标上重新审视自己，与时俱进，更新教育教学理念，转变角色。2012 年，我参加了中国教师报·铁力市二中教师培训基地的培训活动，学习了小组建设、导学案的编写等内容，对课改又有了新的认识。

通过培训学习，我对自主、合作、探究的学习方式有了进一步的认识，尤其是认识到了小组合作学习的重要性。学生是学习和发展的主体。教师的所有教学活动必须根据学生的身心发展情况和各科学习的特点，必须关注学生的个体差异和不同的学习需求，爱护学生的好奇心、求知欲，倡导自主、合作、探究的学习方式。我认为这是对传统教学重接受轻探究、重认识轻体验、重结果轻过程的被动、封闭、接受性的学习方式的否定和扬弃。课程改革不仅强调学习方式的变化，而且强调了学习和发展的主体是学生，使得学生在课程与教学中的主体地位得到了真正的确认和尊重。教学中我们应鼓励质疑，引导发现，解放学生的头脑和嘴巴，使他们敢想、敢说，用自己的方式解决疑问。自主意味着教师要尊重学生自己的方式、独到的思维和新颖的见解，恰到好处地运用讨论、探究等学习手段。

美国心理学家罗杰斯认为："成功的教学依赖于一种真诚的尊重和信任的师生关系，依赖于一种和谐安全的气氛。"这种氛围在"一言堂"上是不可想象的。因此，我们的课堂要允许讨论，允许实话实说，甚至允许有争论，有保留意见。"水尝无华，相荡乃成涟漪；石本无火，相击而发灵光。"所以我们教师应注重良好学习习惯的培养。任何学习方式，都要有一个学习的过程，要把自主、合作、探究变成学生学习与生活的需要。

在课堂上，要给学生一定的自主学习的权利，安排合作学习的环节。我认为，自主、合作、探究的学习方式的基础是自主，关键也是自主。没有自主的学习，合作、探究就无从谈起。要让学生真正自主学习，首先必须转变教学观念，在思想上确认、在行动中落实学生的主体地位。学生知识技能的掌握、智力的发展、创新精神和实践能力的培养，都是无法由教师直接教会的，而必须通过学生自己学习才能获得。换句话说，只有学会的，没有教会的，教师只是帮助学生学会而已。因此，没有学生学习的主动性、积极性，教学就无从谈起。另外，还要树立教为学服务的思想。既然在教学中，教师起的是帮助学生学习的作用，那么，就不能让学生为教师服务，而应当是教师为学生服务。

伴随着课程改革的大潮，我将重新起航。让爱再次点亮我明天的航标灯，让我全身心投入到教育事业中，让爱的春风沐浴着每一个我曾经、现在和将来教育的孩子，让他们也能带着爱，在各行各业起航，成为优秀的建设者，为祖国美好的明天而奋斗！

（铁力市第四中学教研室主任　潘俊伟）

在全省普通一般高中课堂教学改革现场会议上的讲话（节选）

刚才，铁力二中的五位教师代表和一位学生代表又从不同的角度做了经验介绍和成长感悟发言，全面展示了铁力二中领导、教师和同学投身课堂教学改革与创新、不断成长与发展的历程，为我们呈现了一个生动活泼的、引人入胜的会议现场。在此，请允许我向铁力二中全体师生，同时也向在座的各位代表致以敬意和谢意。下面，我讲三个问题。

一、铁力二中会议现场的特点

（一）这是一个目标明确、方法具体、模式清晰、变革较彻底、效果较明显、真正发生着的普通高中课程改革的范本。

什么是改革？改革至少包括三个要素：第一，发现了问题；第二，找到了解决问题的正确路线和方法；第三，贯彻执行了制定的路线，并达到了预期的目的。

铁力二中的教育工作者们在自身的工作中发现了客观存在着的、影响教育教学工作的"学生厌学、教师难教"的问题，然后通过构建"1＋3"课堂教学模式努力解决这些问题，最终达到了"让学生在学习中获得幸福和快乐，让学生在幸福和快乐中成长"的目标。所以说，铁力二中进行的是一场改革。这场改革从观念到策略到行动到保障，是完整的、系统的、全方位的。改革发生在学校的核心领域——教学，指向了教学的主阵地——课堂，并关联了教与学、师与生这两对主要的矛盾，尤其是改革涉及教育的相关因素，诸如理念、目标、教师、学生、资源、制度以及教学关系、教学结构、教学环境、教学组织、教学手段、教学管理、教学评价等都发生了根本的、较为彻底的变革。

所以说，铁力二中现场为我们展示的是一个普通高中课程改革的范本，值得我们认真研究、借鉴。

（二）这是一个来自基层，经过学校、县区、地市三级检验的，有生命力的鲜活教改经验。

应该说，教育厅在这里召开现场会不是偶然。建校于 2007 年的铁力二中虽然是普通高中学校队伍中的新兵，但他们却创造了一个相对成熟的经验。这个经验先是经过了校内师生的实践与检验，之后得到了铁力市教育行政部门的认可，也给教育同行以借鉴，之后又得到了伊春市教育行政部门一定范围内的推广，在伊春市普通高中领域内产生了一定的影响。可以说，这是一个有生命力的、鲜活的教改经验。

我们追求有生命力的教改经验，有生命力的教改经验必然自下而上而非自上而下，来自学校而非行政机关，必然经过理性的思考而非盲目的行动，必然来自经过校本化的融合而非照抄照搬。它印证了每一种优秀的教改经验所共有的一种特征：符合教育规律，促进学生的全面发展。

所以，尽管从某种程度上说，铁力二中的经验还是朴素的、粗线条的、还有再提升空间的，但正因为它符合规律，所以它不是"泡沫经验"，它有生命力。在我省普通高中课改进程中，它可以说是一个具有标本意义的案例。

（三）这是当前我省普通高中发展战略的一个缩影，符合当前我省普通高中课程改革、普通高中多样化特色化发展、普通高中薄弱学校改造与达标学校建设的方向和要求。

铁力二中进行的探索与创造的经验符合当前我省普通高中教育改革与发展的思路和方向。

当前和今后一个时期，我省普通高中教育发展重点工作有三项：一是课程改革，二是多样化特色化发展，三是达标学校建设。

从课程改革的方面讲，铁力二中这个现场会议是我省推进普通高中课程改革组合动作中的一个动作。

从普通高中多样化特色化发展的方面讲，铁力二中这个现场还回答了如何建设特色高中的问题。铁力二中之所以成为特色办学试点学校，靠的就是课堂教学模式改革的特色，可以说，铁力二中靠课堂改革铸就了特色。所以，今天的现场展示的还有铁力二中特色立校的经验。

从普通高中达标学校建设方面讲，铁力二中向我们展示了一所薄弱学校如何选择改造的突破口，如何通过对标达标来提升学校水平。

二、铁力二中课堂教学改革蕴含的教育规律

好的教育应该具有共性，那么，铁力二中教改所表现出来的先进理念与普适性规律有哪些呢？其方向性、合理性和科学性何在呢？

我们梳理一下，有这样十条：

一是它具备值得我们钦佩和学习的，开展课堂教学改革所必备的教育责任、教育勇气和教育智慧。

二是它具备支撑课堂教学改革的、正确的办学理念和育人理念。

三是它选准了课程改革的突破口——课堂。

四是它大胆改革了教学方式。

五是它构建了一种有效的教学模式。

六是它关注并凸显了教学过程。

七是它创造性地开发、整合了教学资源。

八是它强化并发展了具有育人功能的课堂评价。

九是它提供了有效的领导和管理保障。

十是它的教室环境富有教育意蕴。

······

同志们，普通高中课程改革的追求是使每一位高中学生成功，使每一位高中教师成功，使每一所高中学校成功。推进课堂教学改革一定要促进学生全面发展，促进教师专业化发展，促进学校内涵发展。希望全省的普通一般高中教育借助深化课程改革的契机，与时俱进，开拓创新，坚持发展，不断开创崭新局面！

（黑龙江省教育厅基教二处　刘德宏）

在全市高中课堂教学改革研讨会上的讲话

今天，我们看了铁力市二中常态课和班会课，又进行了研讨交流，刚刚又听了高二组教师的业务沙龙——课堂是学生生命成长的地方，听了刘强校长对铁力二中课堂改革情况的汇报，教育局领导又对二中今后的发展表了态，这都是我们非常愿意看的。今天我们在铁力市二中开一个全市普通高中课堂教学改革研讨会很有必要，很有意义，并邀请了伊春15所普通高中的校长、副校长、教务处主任前来参加，我想目的之一就是整体观看二中的课堂教学改革让大家亲身感受一下。我刚刚又参加了数学组的讨论，感想颇多。

第一，铁力二中的"1＋3"课堂教学模式改革，大家应该看到二中学生的变化。大家知道二中的学生是三流、四流或末流的，和在座的其他普通高中差不多，这样的学生，却发生了不可思议的变化。一个变化就是不想学习的学习了，二是不想上学的上学了，三是在老师的帮助下，没有信心的孩子现在有信心了，四是原来品德不好的孩子现在品质逐渐变好了，表现能力和书写能力都增强了。学生写的字比我写的要好。我第一节听了数学教师卢春艳的课。卢老师班的学生写的字，如果拿到全市教师基本功赛上去我觉得都能过关，而我们的教师却有一半过不了关。第五个变化就是这些孩子合作意识增强了，第六个变化是学生相互尊重和平等的意识增强了。

第二，我觉得课改喊了这么多年，而铁力市二中却坚持得非常好。大家都看到了学生的变化、老师的敬业精神和校园文化的丰富多彩，我们今天来学习的重点是二中的精神。

铁力二中为什么能做得这样好？一是当地主管部门的支持；二是有

一个坚强务实的领导班子，这叫一本经念到底；三是有一支优秀的教师队伍。这支队伍对学校负责，对学生负责，积极地创新和探索，乐于学习，肯吃苦。

第三，我要谈谈教书育人。我认为教师教的是人，而书是死的。我认为老师和学生都应该是课堂的主人。二中把课堂还给学生是好事，从校长到老师真正为孩子着想。教师的教学目的就是让孩子学会学习。

第四，学校的发展和青年教师的成长。二中所以能发展到今天，是因为学校有一个好的发展目标，那就是让学生学得好，让家长满意。今天我听了周学文老师一节班会课《学会自立，感恩父母》，学生总结提升得非常好，由爱学校、爱老师，最后升华到爱祖国，学生知道感恩了，老师也愿意去教。我认为这样的孩子把自己的终极目标定位在爱国上，这就是学校教育的结果。

作为年轻教师也应该制定自己的目标，三年、五年、十年达到什么目标，学习上的目标是什么，成长的目标是什么。在目标的引领下才能促进自己学校的发展，才能踏踏实实，勤勤恳恳的工作。年轻教师刚刚走上工作岗位，就赶上轰轰烈烈的课改，你们要有志向，在二中这片沃土上迅速成长为伊春的名师，全省的名师，全国的名师。你们要有信心把铁力市二中办成一所全市出名的中学，这样才能体现作为一名教师的价值。

第五，要有创新精神。我们学习了他人的经验，但要在教学实践中不断地创新和完善，使其更丰富，更适合我们的学情，这样改革才能健康地发展下去。

总之，市教育局的想法是，通过铁力市二中的发展，给我们所有的高中一个启示。我们的目的是追求培养有品位的人，但作为一个校长，应该像铁力二中刘强校长那样，针对自己的校情、师情、生情寻找到解决自己学校发展的方法，让学校发展起来，让老百姓满意。

（伊春市教育局副局长 马瑞丰）

"我的课堂我做主"

——黑龙江省铁力市第二中学课堂教学模式改革侧记

通讯员 曹 曦 本报记者 廉世民

"教育的最终目的不是传授已有的东西，而是要把人的创造力诱导出来，将生命感、价值感唤醒。"德国教育学家斯普朗格的这句名言在黑龙江省铁力市第二中学的课堂教学改革实践中得到了切实的印证。

针对校情、师情、生情，该校在实践中找到了独具特色的发展之路，"1＋3"课堂教学模式的创新，让学生们有了"我的课堂我做主"的真实体验；让老百姓印象中不入流的"四类高中"成功变脸；让周边兄弟学校慕名组团参观学习……"1＋3"课堂教学模式犹如改革的一粒种子，在黑土地上生根、发芽，在教育灿烂的阳光下茁壮成长。

一、"1＋3"让"四类高中"成功变脸

作为课改实践的受益者，铁力市二中高三（5）班的学生张可欣是众多幸运儿中的一个，也是感受最深的一个。她说，以前课堂上"干坐生"现象随处可见，"如今'我的课堂我做主'的学习方式，让大家重拾学习的兴趣。现在学习对我们来说很 easy，是一件快乐的事，父母再也不用担心我的学习了"。张可欣调皮地套用了一句广告词，青春的脸上洋溢着笑容，谁又能料想她以前竟是个内向、不爱说话的孩子呢？

辉煌的背后曾经是一段灰色的记忆。2007 年建校的铁力二中无论在硬件上还是软件上都可谓一贫如洗，70％的教师是刚刚毕业的大学生，学生"清一色"地来自铁力市周边重点高中的落榜生，被人们称为半死

不活的"四类高中"。

生存还是毁灭？学校的发展目标如何定位？改革发展的突破口如何选择？一系列的问题摆在面前。"不能毁了孩子，课堂教学模式必须彻底改革！"校长刘强下定决心在学校推行"1＋3"课堂教学模式。

何谓"1＋3"课堂教学模式？刘强认为："1"就是自主预习；"3"就是课堂上"交流研讨""展示提升""当堂检测"三个环节。其理念就相信每个学生都有发展的潜力，相信每个学生都能自主发展，鼓励学生找准"小我"位置，走向成功。

2008 年 10 月，该校在高一年组一班和五班搞试点，班级前后设置了黑板，取消了讲台，座位由"秧田式"变为"单元式"，老师设计导学案提前一天发给学生，并负责给学生答疑。经过三个月的试验，学生成绩大幅度提高，和其他班级相比有了明显的进步，每次考试班级总平均分高出 100 分左右。到 2009 年 1 月期末考试，通过成绩对比，试点班级的成绩比其他 6 个班各科总平均分高出 50 分左右。

二、四年坚持"一本经念到底"

事实胜于雄辩。"1＋3"课堂教学模式的可行性让学校课堂模式改革的脚步变得更加坚定。2009 年 3 月，高一年组全面进入试点。2009 年 9 月，"1＋3"课堂教学模式在全校铺开。

"1＋3"课堂教学模式给铁力二中带来了翻天覆地的变化。不学习的学生变得爱学习、会学习了；不想上学的学生变得想上学了；行为散漫的学生变得学会自我管理了；以自我为中心的学生变得学会感恩回报了；没有信心的学生变得信心十足了；集体意识淡薄的学生变得合作意识强了。老师变得更踏实更敬业更专业更有成就感了，校园变得更丰富更多彩更有文化气息了……小课堂变成了大舞台，师生竞相展示、放飞梦想。"四类高中"的帽子在不知不觉中被人们摘掉，铁力二中成了学生和家长心目中期待的好学校。

四年来，铁力二中"1＋3"课堂教学模式的内涵在操作中不断丰富，在实践中逐渐厘清思路，实施步骤逐渐规范化、科学化。在全校师生的共同努力下，这一模式从酝酿到雏形，从试点到成功，成了铁力二中发展的"法宝"。

如今，在铁力二中，只要一提起"1＋3"课堂教学模式改革，每一个学生都像张可欣一样，顿时变得滔滔不绝，课改的每一个细节在同学们津津乐道的讲述中变得那么生动、形象、触手可及。"以人为本，重德崇智，激发潜能，合作创新"的十六字办学理念已经深深地植入每一个二中人的心底，那份渗入骨髓的骄傲与自豪传递在校园的每一个角落里。

三、从"学别人"到"被人学"

前不久，铁力二中被省教育厅确认为首批普通高中多样化特色化发展省级试点学校，"1＋3"课堂教学模式让这个曾被人不屑的"四类高中"，正在向伊春市示范性高中迈进，从名不见经传的"丑小鸭"变成了课堂教育改革的"白天鹅"，周边众多的学校纷纷慕名来参观、学习。

"是外出学习取经的结果，是实践中创新的结果让我们从'学别人'到'被人学'。"校长刘强说得谦虚，却很诚恳。他说，铁力二中前往山东课改先进校考察学习，前后去了40余人次，回来后通过全校教职员工反复实践和论证，因地制宜找到了适合学校发展的独特之路。

"教育是需要唤醒的，学生需要老师的唤醒和引领，老师也需要激励和唤醒，沐浴在唤醒教育的春风里，我被唤醒了。"西林区四中语文教师徐文彦的话语引起了所有参观者的共鸣……

赞赏与鼓励是前行的动力，共谋教育发展之路的眼光和决心让更多的教育工作者感受到了希望与责任。社会的期待，百姓的期盼，师生的心愿，这些都成为让"二中人"执着地走下去的助推力。

（载《中国教育报》2011年11月28日第3版）

铁力市二中 "1＋3" 课堂教学模式
观摩会嘉宾留言摘录

　　铁力市二中 "1＋3" 课堂教学模式观摩会已举办七期，接待来宾 46 所学校近 800 人次，来观摩学习的嘉宾纷纷留言，观摩会七期留言已达数百篇，现摘录几篇以飨读者。

　　到铁力市二中观摩，深切感受到铁力市二中课改之路走得坚实有力，给全市乃至全省做了一个好榜样，特别是给普通一般高中指明了前进的方向。衷心希望铁力市二中课改之路越走越宽。我们希望二中能毫不吝惜毫无保留地把经验传授给全市普通高中，如果能把具体的工作流程发到我们的邮箱就再好不过了。

——新青区第一中学校长　张成彬

　　通过在铁力二中的参观、听课、听讲座，我感到很震惊，没想到地处环境条件较差的地方，竟然有这样一所足以令人惊叹的学校，真是受益匪浅。先进的教育教学理念，井然有序的管理，高效的课堂，都使我耳目一新。我曾经到过祖国各地先进的学校学习过、培训过，但只有这一次是实实在在的。我们很希望能与贵校成为联谊校。

——漠河县高中校长　刘淑英

　　"充分调动了学生积极性" 不是虚言，不是走过场，这体现了素质教育的目标。分数不是衡量学生的唯一标准，发挥学生潜能才是至宝。对教师而言，需终身学习，与学生同进步。

——庆安三中教务处副主任　徐凤华

　　上午第一节专门听了高一（4）班体育班的课。体育班的学生非常有活力，课堂有激情，习惯养成好，这不是一天能训练出来的，可见学校和老师都下了很大功夫。下午参与小组建设，开始觉得与自己无关，但第一轮下来，我们组落后，自然而然地紧张起来。我觉得学生也是如此，只要能长期坚持评价，学生的积极性、创造性是可以发挥到极致的。给学生一个机会，他们会还你一个惊喜。

———鸡西二中语文教师　于振环

从教 22 年，经历过无数次教学改革，归结起来皆形式也。但听了贵校三节课令我耳目一新，觉得真正的课改真的来了。我真正地感受到什么是真正地调动学生的积极性，什么是真正地在学习中收获快乐。谢谢您———铁力二中，祝愿贵校"1＋3"课堂教学模式改革越来越好。

———新青林业局英语教师　刘凤香

如果说黑龙江的二次创业要发扬铁人精神、北大荒精神，那么课程改革应该发扬铁力二中的执着精神。

———清河林业局高中副校长　张惠斌

你们的课堂充分地调动了学生的积极性和主动性，使我感受到高效课堂给学生带来的好处，进而思想有了根本地转变。充分相信学生，发挥学生的能动性，把课堂还给学生，全身心地投入到课改中去，让学生感受到幸福快乐，学会如何做人，这就是我们老师的快乐幸福。

———浩良河化肥厂学校数学教师　胡心红

观摩了几堂课，使同样致力于课改而迷茫的我如拨开云雾见晴天，我深深地感受到"1＋3"课堂教学模式的科学性、先进性。你们的教学充分地展示了学生在教学活动中的主体地位，我看到了学生乐于学习、积极进取的劲头。学生具有很强的自我管理能力，具有高度的学习自觉性，具有一定的合作探究、独立解决问题的能力，这对于那些起点很低的"差生"来说，是难能可贵的。

———浩良河化肥厂学校语文教师　慕乾财

图书在版编目（CIP）数据

高效课堂纵深 50 问/闫庚义主编.—济南:山东文艺出版社,2016.4

ISBN 978－7－5329－5213－7

Ⅰ.①高… Ⅱ.①闫… Ⅲ.①课堂教学—教学研究—高中—问题解答 Ⅳ.①G632.421－44

中国版本图书馆 CIP 数据核字(2016)第 049903 号

高效课堂纵深 50 问

闫庚义　主编

主管部门	山东出版传媒股份有限公司	
出版发行	山东文艺出版社	
社　　址	山东省济南市英雄山路 189 号	
邮　　编	250002	
网　　址	www.sdwypress.com	

读者服务	0531－82098776(总编室)	
	0531－82098775(市场营销部)	
电子邮箱	sdwy@ sdpress.com.cn	

印　　刷	山东临沂新华印刷物流集团	
开　　本	710 毫米×1000 毫米　1/16	
印　　张	18	
字　　数	220 千	
版　　次	2016 年 4 月第 1 版	
印　　次	2016 年 4 月第 1 次印刷	
书　　号	ISBN 978－7－5329－5213－7	
定　　价	35.00 元	

教育发现

EDUCATION DISCOVERY · EDUCATION DISCOVERY · EDUCATION DISCOVERY · EDUCATION DISCOVERY · EDUCATION DISCOVERY · EDUCATION DISCOVERY · EDUCATION DISCOVERY · EDUCATION DISCOVERY · EDUCATION DISCOVERY

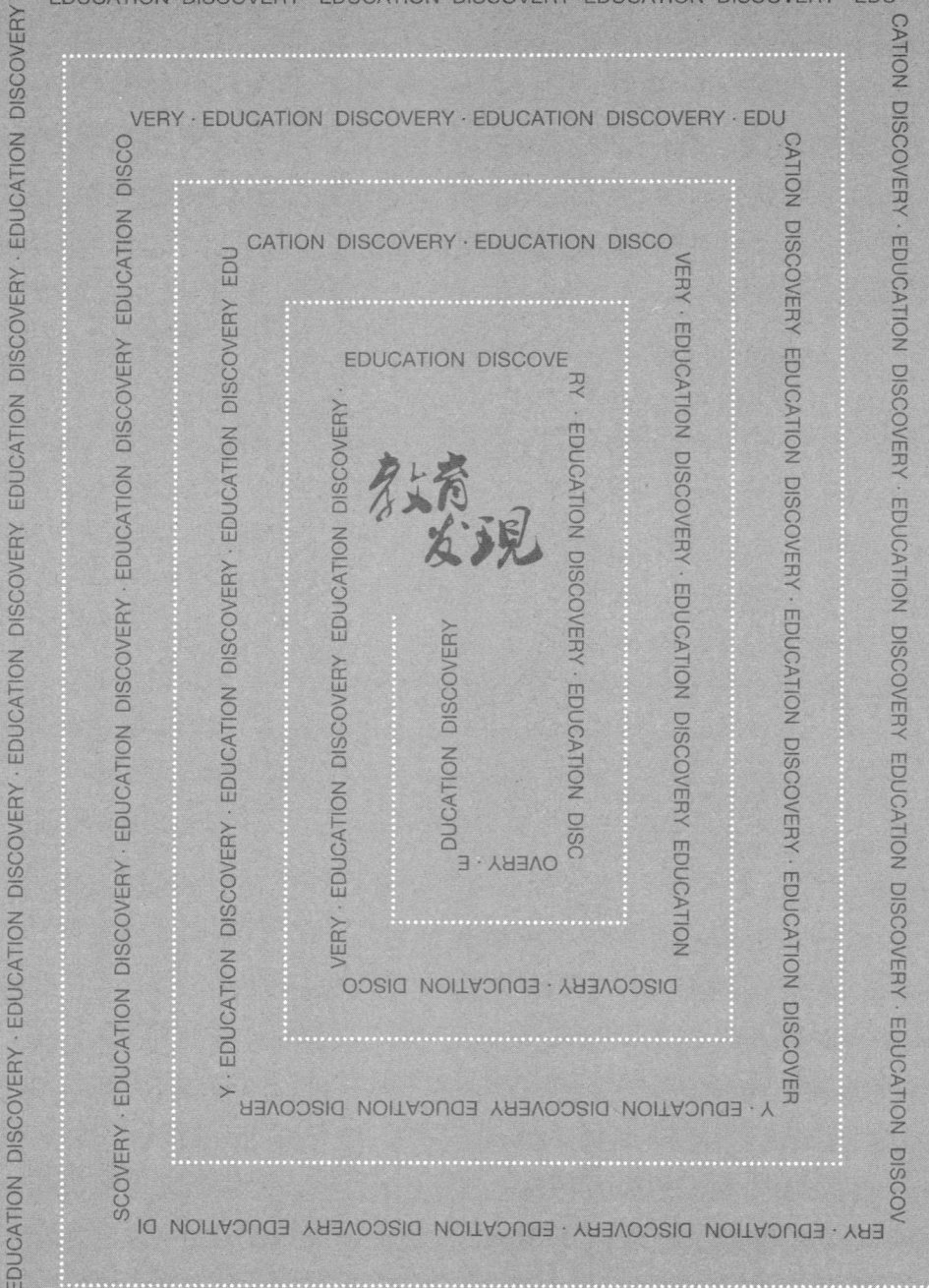